Impressum

Tanja Karmann, Hilgardstr. 17, 66482 Zweibrücken

und Carsten Schmitt, Taubenkopfstr. 3, 66450 Bexbach

Erstveröffentlichung August 2024

Lektorat: Tanja Karmann und Carsten Schmitt

Korrektorat: Kathleen Weise

Umschlaggestaltung und Satz: Tanja Karmann

Hinweis:

Texte von E.A. Poe und H. H. Ewers änderungsfrei übernommen von

www.projekt-gutenberg.org,

Porträts über wikicommons

Herstellung und Druck über tolino media GmbH & Co. KG,

Albrechtstr. 14, 80636 München. Printed in Germany.

Fragen zu Produktsicherheit an: gpsr@tolino.media.

Tanja Karmann
& Carsten Schmitt

Von Geisterhäusern und Totenbriefen

12 Schauergeschichten
aus dem TOTENSCHEIN

Inhalt

Black Widow und der Gentleman des gepflegten Grauens

„Der Totenschein, auch Todesbescheinigung oder Leichenschauschein (L-Schein genannt, ist in Deutschland eine öffentliche Urkunde, in der ein Arzt nach gründlicher Untersuchung eines menschlichen Körpers den Tod dieses Menschen mit Personalie und Zeit und Ort des Todesfalls bescheinigt, wenn möglich eine Todesursache angibt und die Todesart vermerkt, also ob es sich um einen natürlichen oder nicht natürlichen Tod handelt." (Wikipedia)

Es geht also, dies sei ausdrücklich vorausgeschickt, in dem einen (amtlichen) wie dem anderen (publizistischen) Fall immer um das eine, das uns vom Leben trennt: den Tod. Sie könnten einem entfernten Zweig der Addams Family entstammen. Nur entsprang die der Phantasie ihres genialen Schöpfers Charles Addams, während Tanja Karmann und Carsten Schmitt ihre eigenen pechschwarzen Schöpfungen zu Papier bringen und in Form einer Totenschein getauften Gazette auf die lüsterne Leserschaft loslassen. Mit wachsendem Erfolg übrigens.

Die in diesem Buch versammelten Geschichten entstammen allesamt den bereits erschienenen „Totenschein"-Gazetten und sind thematisch eher der Schauerliteratur verhaftet, obwohl sie wie *Das Mädchen mit den Wahrheitsblättern* oder *Die drei Blutstropfen* zumeist im Hier und Jetzt angesiedelt sind. Oft sind es Geistergeschichten in bester M.R. James'scher Manier oder einer Edith Wharton. Es beginnt heimelig, der Leser lehnt sich entspannt zurück in der trügerischen Erwartung, dass das Böse mit eher sanften Schritten daherkommt. Doch meistens – wie in *Totenpost* – kommt der Schrecken umso böser um die Ecke. Unverhofft, rabenschwarz und mit abgrundtiefer Pointe.

Aber es gibt auch durchaus „moderne“ Storys im Oevre der beiden, die mal – wie in *Der Stoff* – alte Vorbilder mit neuen Kleidern versehen (*The King in Yellow*), mal – wie in *Einfach perfekt* – den Instagram-Wahn auf die Spitze treiben, indem sie ihm den schwarzen Spiegel vorhalten.

In einem der klassischen Schauerliteratur reminiszierenden Buch dürfen natürlich auch die inspirierenden Klassiker nicht fehlen: *Morella* von E.A. Poe und *Die Spinne* von H. H. Ewers.

Live das schwarze Duo zu erleben – vorzugsweise natürlich in einer nebligen Nacht auf einem alten Friedhof –, garantiert übrigens einen ganz besonderen mystischen Charme. Ich hatte einmal das Vergnügen, mit ihnen auf der Bühne zu stehen. Zwar konnte ich beiden nicht das Wasser reichen, aber zumindest heimleuchten, indem ich – gänzlich unromantisch – Carsten Schmitt von hinten mit einer Taschenlampe beistand, bei beginnender Dunkelheit das Manuskript zu entziffern, aus dem er Clark Ashton Smiths Poem *Ein Traum von der Lethe* vortrug. Das Publikum lauschte gebannt, während Tanja an Carstens Seite lasziv mit einem Champagnerglas in der behandschuhten Hand die schwarze Witwe verkörperte.

Ich wünsche allen Lesern wohliges Schauern und eisige Gänsehaut. Beides zusammen erst macht die perfekte Gruselgeschichte aus!

Uwe Voehl, Bad Salzuflen, Mai 2024

Editorial

In einer Welt von Algorithmen, die mit unheimlicher Genauigkeit vorhersagen, welchen Link wir klicken, welchen Song wir als nächstes hören und welches Buch wir als nächstes lesen werden, ist der Zufall ein kostbares Gut.

Tanja Karmann und Carsten Schmitt begegneten sich durch solch einen Zufall, der bald in einer Gelegenheit zur schriftstellerischen Zusammenarbeit mündete. Aus einer Gelegenheit wurden mehrere und als sich die Möglichkeit ergab, an einer Convention für Phantastische Literatur und Spiele teilzunehmen, war schnell der Wunsch geboren, dort ein gemeinsames Projekt vorzustellen.

Carstens Kurzgeschichte *Das Mädchen mit den Wahrheitsblättern* gab die Inspiration, eine „Gruselzeitung" zu erstellen. Tanja Karmann ließ sich vom Märchenbezug inspirieren und steuerte ihrerseits eine Geschichte bei. Ergänzt um kleinere Texte, aufgemacht wie eine historische Zeitung, inklusive Druck auf Zeitungspapier, wurde ein „Ding" daraus.

Damals wussten die beiden noch nicht, was genau dieses „Ding" denn sein sollte. Ein einmaliger Spaß, ein kurioser Hingucker für Buchmessen und Conventions, oder mehr als das?

Der Start war denn auch wenig vielversprechend. Die Nachfrage auf der Convention war ... bescheiden und auch mancher Autorenkollege räumte der Idee kein großes Potenzial ein. Ein Werbegeschenk vielleicht, mehr nicht.

Diese Veranstaltung war die letzte, die für lange Zeit stattfinden würde. Ein Virus machte sich breit und bestimmte für die kommenden Monate und Jahre das Leben. Buchmessen gab es nicht mehr, die Menschen blieben zuhause und die Totenschein-Redaktion saß auf einem Stapel anscheinend nutzloser Zeitungen. Diese fanden so zunächst ihren Weg zu Freunden und Bekannten, als kleiner Trost in einer ansonsten freudlosen Zeit.

Damit begann, worauf sich auch die Fanzine-Szene des 20. Jahrhunderts stützte: Mundpropaganda, unterstützt vom ultimativen Propagandaapparat unserer Zeit – dem Internet.

Es kamen mehr und mehr Anfragen und immer häufiger positive Rückmeldung auf die kleine „Gruselzeitung". Und als das Virus im Spätsommer und Herbst 2020 den Menschen eine Verschnaufpause gewährte und Läden, Gastronomie und Spielstätten wieder unter Auflagen öffnen durften, bot sich den Machern des *Totenschein* Gelegenheit zu einer Lesung in der Bakerstreet in Saarbrücken. Spätestens jetzt war aus dem einstigen Gag ein „Projekt" geworden, das sich weiter zu erforschen lohnte.

Die Bakerstreet wurde zur Heimatbasis; seither fanden dort drei weitere, teils ausverkaufte, Lesungen statt. Daneben lasen Tanja und Carsten in der Wohnzimmeratmosphäre eines Whiskeyladens, waren zu Gast bei Horror-Legende Uwe Voehl in Bad Salzuflens historischer Mühle, luden den Autor Boris Koch zur Lesung in eine Bibliothek und veranstalteten ein Gruselpicknick auf einem historischen Friedhof.

Und neben all dem gesellten sich vier weitere Ausgaben des *Totenschein* zu jener ersten vom Frühjahr 2020.

Von Anfang an allerdings kam immer wieder die Frage auf, warum der *Totenschein* nicht als eBook oder PDF erhältlich sei. Eine berechtigte Frage, denn eine Sammlung von zwei, oder drei Geschichten mit einer Handvoll Illustrationen und ein paar Gedichten im Zeitungsdruck, das wirkt anachronistisch und unpraktisch. Wer braucht so etwas heute noch, und überhaupt, wo soll man die Dinger aufbewahren?

Warum also nicht?

Wer erinnert sich noch daran, im Plattenladen ein Album gekauft zu haben, und zwar nur eines? Oder in der Schule mit Freunden Mixtapes getauscht zu haben, oder eines für den Liebsten oder die Liebste aufgenommen zu haben?

Heutzutage ist nahezu jegliche Form von Medien (der vielbeschworene „Content"), jederzeit verfügbar. Oftmals muss man künstlerische Erzeugnisse nicht einmal mehr einzeln erwerben, sondern konsumiert unbeschränkt alles für einen fixen monatlichen Betrag, einer günstigen „Flatrate", bei der Konzerne kassieren und für die Künstler allenfalls Cent-Beträge abfallen.

Eine Amateurzeitschrift, ein „Zine", das ist dagegen wie ein gutes Mixtape auf Kassette. Bei nur sechzig oder neunzig Minuten Laufzeit musste sich jemand die Mühe machen auszuwählen, welche Songs mit aufs Band durften und schweren Herzens entscheiden, welche nicht.

Die meisten Angebote im Netz dagegen sind wie eine Playlist beim Streamingdienst: Es ist wahnsinnig praktisch und die Songs sind gut, aber es ist auch beliebig, seelenlos und vor allem viel zu viel. Was möchte man lieber von einem Freund oder einer Freundin bekommen – eine Kassette oder den Link zu einer Playlist?

Der *Totenschein* ist ein Mixtape, denn Playlists gibt es bereits genug.

Dennoch gibt es viele gute Gründe für ein anderes Format. Wie sonst sollten Interessierte an die Texte der vergriffenen Ausgaben kommen? Nicht zuletzt haben elektronische Texte entscheidende Vorteile bei der Barrierefreiheit.

Aber wenn schon ein anderes Format, dann richtig. Also kein *Totenschein* als PDF, sondern ein Sammelband, ein Buch. Haltbarer, praktischer und, ja, auch als E-Book erhältlich. Keine simple Kopie des Zeitungsformats, sondern etwas eigenes - mit Seele.

Denn um Seelen geht es oft in den Geschichten im *Totenschein.* Um die verstorbenen, die verlorenen, die verkommenen und die trauernden Seelen. Die nur so lange existieren, wie wir an sie glauben.

Carsten Schmitt, Saarbrücken,
und Tanja Karmann, Zweibrücken,
Juni 2024

Toten schein

Dunkle Märchen

Ausgabe 1, März 2020

Die erste Ausgabe des *Totenschein* fiel in die Anfangszeit der Pandemie – kaum hatten die Autoren das neue Format auf einer Convention vorgestellt, machte sich das Virus breit und die ersten Maßnahmen wurden verhängt. Sie schwören bis heute, dass diese Ereignisse rein zufällig miteinander kollidierten.

Carstens Geschichte *Das Mädchen mit den Wahrheitsblättern* basiert auf einer Erzählung von Hans Christian Andersen und ist ausschlaggebend für das ursprüngliche Zeitungsformat des Totenschein.

Dass dieses Märchen Tanja in ihrer Kindheit bereits traumatisiert hat, wusste er zu diesem Zeitpunkt – vermutlich? – noch nicht. Kurzerhand beschloss sie, selbst auch ein (eher unbekanntes) Märchen der Gebrüder Grimm zu adaptieren, das ihr ebenfalls in grausiger Erinnerung geblieben ist.

Das Mädchen mit den Wahrheitsblättern

Von Carsten Schmitt

Auch zehn Jahre später wusste niemand, was am 31. Dezember des Jahres 2019 mit den Einwohnern von X geschehen war. Wie jedes Jahr, wenn das Ereignis sich jährte, überschlugen sich die Zeitungen und Magazine mit Spekulationen. Vor fünf oder sechs Jahren waren Reporter eines reißerischen Nachrichtenmagazins in die Sperrzone um die Stadt vorgedrungen und hatten doch nichts weiter gefunden als gespenstisch leere Straßen und verlassene Häuser, deren schweigende Fenster und stumme Türen für schaurige Bildstrecken taugten, aber nichts zur Aufklärung der Ereignisse beitrugen.

Auch im Café König diskutierten zwei Männer über den Silvesterabend von X, wie der Tag nur noch genannt wurde. Ich kam nicht umhin, einige Fetzen ihrer Unterhaltung aufzuschnappen. „Vertuschung" war zu hören und „Geheimdienste". Einer las die Theorien, die sich im Laufe der Jahre angesammelt hatten, aus seiner Zeitung vor, und der andere konterte eine jede davon mit einer weiteren aus dem Magazin, das vor ihm lag.

„Kaum zu fassen, heutzutage, aber offensichtlich weiß niemand, was dort passiert ist", sagte einer der beiden, ein intellektuell aussehender Mittvierziger mit schwarzem Pullover und dickrandiger Brille.

Der andere, ein nachlässig gekleideter, teigiger Typ mit Glatze, zuckte die Schultern und stimmte ihm zu: „Unfassbar."

Sagte ich, dass niemand wusste, was sich an jenem letzten Tag des Jahres 2019 in X zugetragen hatte? Fast niemand, wäre korrekt. Die beiden taten mir leid, und aus einer Laune heraus beschloss ich, mein Wissen mit ihnen zu teilen. Ich drehte mich zu ihnen um und räusperte mich. „Entschuldigen Sie bitte, aber ich konnte nicht vermeiden, Ihr Gespräch mitzuverfolgen. Sie rätseln über den Fall von X, nicht wahr?"

Der Intellektuelle war nicht ungehalten über meine Einmischung und nickte. „Unheimliche Sache. Bis heute gibt es keine belastbare Theorie, was den Menschen damals passiert ist", sagte er, und der Glatzkopf fügte ein erneutes „Unfassbar" hinzu.

Ich beugte mich näher zu den beiden hinüber und sprach mit gesenkter Stimme: „Ich weiß nicht, ob ich das wirklich tun sollte, aber wenn Sie möchten, kann ich Ihnen die wahre Geschichte über das erzählen, was damals geschah."

Ich konnte an ihren Gesichtern ablesen, dass die beiden mich zunächst für einen Verrückten oder einen Spaßvogel hielten. Doch als ich ihren Blicken standhielt und sie in meinen Augen lasen, dass ich es ernst meinte, zögerten sie. Die Wahrheit, wirkliche, echte Wahrheit, ist mehr als das Gegenteil der Lüge. Mehr als nur korrekt oder beweisbar. Die Menschen wollen sie vielleicht nicht sehen, doch sie erkennen sie, wenn sie ihr begegnen.

Der kalte Winterregen trommelte auf die Fenster des Cafés und überzog das Draußen mit einem grauen Schleier. Das Wetter war ganz ähnlich gewesen, damals in X, und so fiel es mir nicht schwer, meine beiden Zuhörer mit auf die Reise zu nehmen, zu jenem Tag.

***

Es war scheißkalt, und ein eisiger Regen fiel vom Himmel. Letzter Abend im Jahr, Silvesterabend. In Regen, Kälte und Dunkelheit ging auf der Straße ein armes dürres Mädchen ohne Jacke und mit zerfetzten Schuhen. Klar, hatte es mal eine Jacke gehabt. Zwar war sie ihm viel zu groß gewesen, aber warm und mit Kapuze. Die war ihm geklaut worden, im Obdachlosenasyl, und wie es jetzt durch dieses elende Wetter ging, da dachte es oft an seine Jacke und wie warm ihm darin wäre und wie trocken seine Haare unter der Kapuze.

Doch es hatte keine Jacke mehr, und so ging das dürre Mädchen mit seinen undichten Turnschuhen und den nassen und kalten Füßen darin durch die Stadt auf der Suche nach einer halbwegs trockenen Stelle, wo es wohl seine Zeitungen verkaufen könnte. Die Zeitungen trug es in einer Umhängetasche, aber ein paar davon hielt es in der Hand, und die waren schon ganz nass und hingen schlaff wie welke Blumen in seiner kleinen, kalten Faust. Daher wollte sie auch niemand kaufen, denn wer wollte schon eine nasse, welke Zeitung aus den klammen Fingern eines dürren Mädchens, noch dazu bei diesem Sauwetter? So war seine Kasse so leer wie sein Magen, denn es hatte noch nichts gegessen und auch nicht einmal ein Bier getrunken, dabei wäre ein Bier jetzt genau das Richtige an so einem Tag, und außerdem war Silvester.

Auf der Straße roch es nach Essen und Glühwein von den Buden des Weihnachtsmarkts, doch all das war für das dürre Mädchen unerreichbar. Da war es froh, eine Stelle unter den Arkaden zu erspähen, wo es sich setzen und all den Menschen, die über die Fußgängerzone eilten, seine

Zeitungen verkaufen konnte. Dort würden sie trocken bleiben, die Zeitungen und das Mädchen, und dieser Scheißtag, dieser Scheißsilvestertag, würde sich zum Guten wenden.

Doch als das Mädchen unter den Arkaden saß, war es zwar nicht mehr ganz so nass, doch noch immer kalt, denn ein eisiger Wind wehte durch die Straßen. Es merkte, dass die Menschen seine Zeitungen immer noch nicht kaufen wollten. Sie eilten vorbei und taten so, als sähen sie das Mädchen nicht, und es verkaufte kein einziges seiner Blätter.

Trauer und Verzweiflung und auch ein wenig Wut überkamen das Mädchen, doch keiner der eiligen Menschen bemerkte es.

Wie es da so saß, elend und kalt, nass und hungrig, müde und betrübt, da blieb ein Mann neben ihm stehen, und es erschrak nicht wenig. Der Fremde trug feine Schuhe, die vom Regen und dem Dreck gar nicht schmutzig waren, und eine ordentlich gebügelte Hose mit einer schnurgeraden Falte darin, und einen warmen Mantel, dessen Kragen er hochgeschlagen hatte, sodass zwischen diesem und seinem Hut nur zwei kohlrabenschwarze Augen funkelten.

„Was schaust du so traurig?“, fragte der Fremde.

„Ach, keiner will meine Zeitungen kaufen“, antwortete das Mädchen. Bei sich dachte es, dass der Mann jetzt bestimmt fragen würde, ob es mit ihm gehen wolle, gegen Geld.

Der Fremde aber hatte nichts dergleichen im Sinn, sondern erwiderte: „Was glaubst du, warum das so ist?“

"Ich glaube“, sagte das Mädchen, „da steht nichts drin, was die Menschen wissen mögen, denn es sind nur Geschichten von Leuten wie mir und das mag niemand lesen, nicht am Silvesterabend und auch sonst nicht."

„Zeig her!", sagte der Mann und nahm eine Zeitung, wofür er dem Mädchen eine Münze gab. Er schlug sie auf und las darin und nickte und murmelte und schüttelte den Kopf. „Du hast recht", sagte er schließlich zu dem Mädchen und ließ die Zeitung sinken, „das will wirklich niemand lesen."

Darauf wusste das Mädchen nichts zu sagen.

„Was meinst du denn, sollen die Leute lesen?", fragte er.

„Die Wahrheit sollten sie lesen, über sich und die anderen und die Scheißwelt", sagte trotzig das Mädchen.

„Das", rief der Mann, „ist eine wirklich gute Idee! Wir wollen sehen, was sich da machen lässt."

Er zog einen Stift aus einer Tasche seines Mantels und begann, damit auf der Zeitung zu schreiben. Der Stift flog nur so über das Papier, strich Überschriften durch und fügte Absätze hinzu, kürzte und ergänzte und ließ keine Zeile unverändert. Endlich war der Mann fertig, begutachtete sein Werk und nickte schließlich zufrieden.

„Versuch's mal damit", sagte er und gab dem Mädchen die Zeitung zurück. „Steck sie zwischen all die anderen und schüttle das Bündel gut durch."

Das Mädchen tat, wie ihm geheißen, denn wenn der Mann auch nichts Bedrohliches getan hatte, so ängstigte es sich doch ein wenig vor ihm.

Als es die Zeitung in den Stapel gesteckt und alles gut geschüttelt hatte, kam eine schöne Frau vorbei und sah zu dem dürren Mädchen herüber. Sie kam zu ihm, gab dem Mädchen Geld, nahm eine Zeitung und ging lesend weiter. Dabei schüttelte sie aufgeregt den Kopf, bis sie schließlich die Zeitung wegwarf und anfing zu laufen. Das Mädchen blickte auf das Geld in seiner Hand und wollte etwas zu dem Fremden sagen, doch der war verschwunden und nirgendwo zu sehen. Es hatte aber keine Zeit, sich darüber zu wundern oder erleichtert zu sein, denn nun kamen immer mehr Menschen und gaben ihm Geld für seine Zeitungen. Alle miteinander begannen sie gleich zu lesen, und viele liefen eilig davon, so wie die schöne Frau. Einige aber weinten oder fingen an zu schreien.

Das dürre Mädchen sah mit Entsetzen, wie ein Mann, der mit Frau und Kind gekommen war, in einer Zeitung las und dann den Säugling aus dem Kinderwagen nahm, um ihn vor seiner Frau auf den Boden zu schleudern. Die Frau kreischte, doch statt nach dem Kindlein zu sehen, hielt sie ihrem Mann die Zeitung vors Gesicht, und dann schlug sie ihn und er schlug sie. Das dürre Mädchen wollte rufen, dass sie doch besser nach ihrem Baby schauen sollten, doch es konnte nicht, denn immer mehr und mehr Menschen kamen und gaben ihm Geld für eine Zeitung oder warfen es ihm einfach vor die Füße, so eilig hatten sie es, die Wahrheit zu lesen. Was war das für ein Treiben! Männer schlugen ihre Frauen und Frauen ihre Kinder, und die Kinder hielten sich die Augen und die Ohren zu und brüllten wie am Spieß. Doch manch einer blieb ganz ruhig und ging nach Hause, und wer weiß, was dort geschah?

Stundenlang schien das so zu gehen, und das dürre Mädchen begann zu weinen. Bestimmt mussten seine Zeitungen bald alle verkauft sein, doch sie wollten einfach nicht zu Ende gehen. Schließlich aber war es geschehen. Jemand hatte ihm das letzte der Blätter aus der Hand gerissen und war damit fortgelaufen, und es wurde ganz still.

Allein stand das dürre Mädchen in der Kälte mit Tränen auf den Wangen und Rotz auf der Lippe. Da hörte es ein Rascheln, wie wenn der Wind ein Stück Papier vor sich hertreibt. Das Mädchen sah, dass es eine seiner Zeitungen war, und da fiel ihm ein, dass es noch keine einzige davon gelesen hatte, seit der fremde Mann sie umgeschrieben hatte.

Am Neujahrstag gingen wieder Menschen durch die Straßen der Stadt, doch es waren keine Mütter und Väter mit ihren Kindern, sondern Männer und Frauen in Uniformen und weißen Schutzanzügen. Sie gingen in die Häuser und Geschäfte und riefen „Hallo!“ und „Hey!“, doch nirgends gab man ihnen eine Antwort.

Als eine Uniformierte das Mädchen sah, rief sie: „Die hier lebt noch!“

Sofort kamen die anderen und versammelten sich um das dürre Mädchen, das auf dem kalten Pflaster lag und lachte und kicherte, als habe es einen guten Witz gehört, den niemand sonst kannte. Als die Männer und Frauen in ihren Uniformen den dürren Körper des Mädchens auf eine Bahre hoben, da bemerkte einer von ihnen, dass es in seiner kleinen Faust einen Bogen Papier, ähnlich der Doppelseite einer Zeitung, umklammert hielt. Er bog ihm sacht die kalten Finger auseinander, nahm das Papier und schaute kurz darauf. Dann warf er es weg, denn er konnte sich keinen Reim darauf machen. Die Seiten waren leer.

***

„Und das“, so schloss ich, „ist am Silvesterabend in X geschehen.“ Ich blickte in die staunenden Gesichter meiner Zuhörer, die mit offenen Mündern dasaßen.

Der Intellektuelle fasste sich zuerst. „Gruselig!“, sagte er und trank den Rest seines mittlerweile kalt gewordenen Kaffees in einem einzigen Schluck.

„Gruselig“, wiederholte der Glatzkopf. „Unfassbar!“

„Woher wissen Sie all das? Ist das wirklich wahr?“

Ich lächelte nur und zierte mich mit einer Antwort, so wie es jeder gute Geschichtenerzähler tut, dem man diese Fragen stellt.

„Man hätte doch davon gehört, nicht wahr? Wie kann es sein, dass es nicht weiter untersucht wurde? Es muss Hinweise gegeben haben, Kameraaufnahmen, etwas in der Art“, gab der Glatzkopf in einem ungewöhnlich langen Redebeitrag zu bedenken. „Warum hat man das nicht weiter untersucht und die Leute informiert?“

„Vielleicht sollten wir das tun“, sagte der Intellektuelle und fuhr fort: „Ich habe Freunde bei der Presse. Wenn nur ein Körnchen Wahrheit in dieser Geschichte steckt, dann muss die Öffentlichkeit davon erfahren!“

Beide sahen mich auffordernd an. „Oder was meinen Sie?“

„Das“, so rief ich, „ist eine wirklich gute Idee.“

Die drei Blutstropfen

Von Tanja Karmann

„Unsere Handynummern und der Name des Hotels hängen am Kühlschrank“, sagte der Mann im Hinausgehen.

„Und vergessen Sie nicht, meine Orchideen zu wässern! Aber nicht zu viel. Sie sind sehr empfindlich“, fügte die Frau hinzu. Sie hatte das Haus bereits verlassen, drehte sich aber noch einmal zu Stefanie um. „Aber das habe ich Ihnen schon gesagt, nicht wahr?“ Noch während sie sprach, öffnete sie ihre Handtasche und wühlte darin.

Ungefähr vier Mal, dachte Stefanie und zwang sich, nicht die Augen zu verdrehen. „Keine Sorge, ich kümmere mich sehr gut um alles. Besonders um Ihre Pflanzen. Sie können ganz beruhigt Ihren Urlaub genießen.“

Sie standen in der offenen Tür zum Haus der Gerstings. Stefanie trat einen Schritt zurück und legte eine Hand auf die Klinke.

„Das werden Sie sicher. Wir vertrauen Ihnen da völlig. Ihre Bewertungen sind ja auch tadellos“, versicherte Herr Gersting und schüttelte ihr dabei ausgiebig die Hand.

Hilfesuchend sah Stefanie zu dem Taxi in der Einfahrt. Der ältere Fahrer hatte die Koffer ins Auto geladen und wartete nun an den Kotflügel gelehnt auf seine Gäste. Endlich traten die Eheleute zu dem Wagen. Es dauerte noch einige Augenblicke, dann waren endlich alle eingestiegen. Stefanie zwang sich zu einem Lächeln, als sie dem Auto hinterherwinkte. Dann ließ sie endlich die Tür ins Schloss fallen.

Einen Moment lang starrte sie ins Leere, ein tiefer Seufzer entfuhr ihr. Sie kannte Leute wie die Gerstings zur Genüge, doch an den Trubel bei der Übergabe konnte sie sich nur schwer gewöhnen. Immerhin hatte sie den Job als Housesitter gewählt, weil sie gern allein war. Sie drehte sich um und sah sich in der großen Eingangshalle um. Es war nicht die erste Villa, die sie betreute, aber es war definitiv eine der pompöseren. Im Eingangsbereich hätte ihre ganze Studentenbude Platz gehabt. Den größten Raum jedoch nahm die breite Treppe ein, mit der man den oberen Stock erreichen konnte. Stille breitete sich aus, und Stefanie spürte, wie der Stress von ihr abfiel. Es war nicht ihr eigener gewesen, sondern der von Frau Gersting. Das wusste sie. Immer noch nahm sie die Emotionen anderer zu sehr wahr. Doch nun konnte der entspannte Teil ihres Jobs beginnen. Sie beschloss, es sich wie immer an ihrem ersten Abend auf dem Sofa gemütlich zu machen und bei einer großen Pizza – die Hausbesitzer besorgten immer Pizza – das Heimkino zu testen.

Es war schon dunkel, als Stefanie den Beamer ausschaltete. Wie angenommen, besaßen die Gerstings eine moderne Soundanlage und mehrere Streamingdienste, deren Zugangsdaten gespeichert gewesen waren. Sie hatte erst ein wenig gestöbert, welche Filme ihre Auftraggeber sich so ansahen, war dabei aber auf wenig Überraschendes gestoßen. Die üblichen Action- und Liebesfilme, Dokumentationen, Comedy-Serien. Und natürlich der ein oder andere Porno.

Stefanie grinste, als sie darüber nachdachte, ob Herr Gersting wusste, dass seine Frau ebenfalls welche ansah.

Sie stand auf und brachte ihren schmutzigen Teller in die auf Hochglanz polierte Küche. Bevor sie sich in ihr Zimmer zurückzog, wollte sie noch eine Runde über das ganze Gelände machen, um nachzusehen, ob alles in Ordnung war, und den Gerstings wie abgemacht per Messenger ein Update zu schicken. Sie schlüpfte in ihre Schuhe und trat zur Hintertür in den Garten hinaus.

Etwas später stand sie in dem kleinen Bad, das dem Gästezimmer angegliedert war, und putzte sich die Zähne. Natürlich war in der Außenanlage alles ruhig gewesen. Auch im Haus war ihr nichts aufgefallen. Routinemäßig hatte sie in alle Räume geschaut und dort Fenster und elektronische Geräte überprüft. Alle, bis auf einen. Die Gerstings hatten ihr Schlafzimmer abgesperrt. Wegen ihrer Privatsphäre, wie die Hausherrin betonte. Stefanie hatte nur mit den Schultern gezuckt. Ihrer Meinung nach offenbarten die Schlafzimmer ihrer Auftraggeber selten Aufregendes.

Sie spülte sich den Mund aus und ging hinüber in das Gästezimmer. Es war groß und geschmackvoll eingerichtet. Auf einer Kommode an der Wand stand ein Tablett mit Gläsern und zwei Flaschen Wasser sowie eine Schale mit Mini-Schokoriegeln. Stefanie machte sich nichts aus Süßigkeiten, aber sie würde einige davon mitnehmen, um die Aufmerksamkeit ihrer Gastgeber zu honorieren. Sie gähnte, als sie sich ins Bett legte. Das Plumeau duftete herrlich frisch, und auch die Matratze hatte genau die richtige Härte. *Das würde ein guter Job werden*, dachte Stefanie. Dann war nur noch ihre gleichmäßige Atmung in dem stillen Haus zu hören.

Ein Geräusch weckte sie. Ein schneller Blick auf ihr Smartphone zeigte, dass es halb eins war. *Geisterstunde*, dachte sie. *Was sonst.* Sie richtete sich auf und lauschte. Auf dem Flur waren Schritte zu hören, gedämpft. Als würde jemand mit nackten Füßen über die dicken Teppiche laufen. Stefanie brauchte nicht darüber nachzudenken, ob sie die Außentüren abgeschlossen hatte. Sie hatte sich schon vor Jahren eine Routine erarbeitet, die sie für jeden neuen Job anpasste.

Nein, es war ausgeschlossen, dass sich jemand von außen Zutritt verschafft hatte.

Das bedeutete, der Verursacher der Schritte musste schon zuvor im Haus gewesen sein.

Sie schwang die Beine aus dem Bett, schlich zur Tür und öffnete sie. Durch den Spalt konnte sie die Gestalt einer Frau erkennen, die den Flur entlanglief. Der geblümte Rock, der über eine ausladende Tournüre in weiten Falten nach unten fiel, hob sich deutlich gegen das enge Schnürmieder ab. Das Kopftuch konnte das unordentliche Haar nur notdürftig verdecken.

„Liebes Kind, wo bist du?“ Die Stimme klang brüchig. Als die Gestalt an Stefanie vorbeiging, spürte sie einen kalten Lufthauch.

Also auch hier, dachte sie.

Die Gestalt schien ihre Anwesenheit gar nicht zu bemerken, blieb jedoch stehen und legte den Kopf schief, als würde sie auf etwas lauschen.

„Ei, hier auf der Treppe, da kehr’ ich.“

Stefanie zog die Augenbrauen hoch, als sie die zweite Stimme vernahm. Der Geist jedoch eilte ohne Zögern Richtung Treppe und stieg nach unten. Stefanie überlegte kurz, ob sie ihm folgen sollte, entschied sich aber dagegen. Einen Moment lang war es ruhig. Sie wollte gerade wieder in ihr Zimmer zurückgehen, als die Kälte zurückkam. Die Härchen an ihren Unterarmen stellten sich auf. Langsam, aber zielstrebig, kehrte der Geist zurück. Als er an ihr vorüberging, trat sie ein Stück auf den Flur hinaus und sah ihm nach. Er ging noch einige Meter und blieb vor der Tür zum Schlafzimmer stehen. Einen Wimpernschlag später war er verschwunden.

Stirnrunzelnd schaute Stefanie sich um, konnte jedoch nichts entdecken. Es blieb ruhig, und auch die Temperatur normalisierte sich.

Nachdenklich kehrte sie in ihr Zimmer zurück und legte sich wieder ins Bett. Als sie sich die kuschelige Decke überzog, versuchte sie, das Gesehene einzuordnen. Derartige nächtliche Erscheinungen waren ihr nicht fremd. Schon in ihrer Kindheit hatte sie die Schwingungen Verstorbener gespürt. Nur ihre Großmutter hatte ihr Geheimnis gekannt und ihr geholfen, ihre Angst vor dem Übernatürlichen zu überwinden. *Die Toten brauchst du nicht zu fürchten, mein Kind, nur die Lebenden*, hatte sie sie gelehrt. Mit den Jahren hatten sich ihre Fähigkeiten immer weiter verfeinert, bis sie schließlich Geister nicht nur spüren, sondern auch hören, riechen und in ganz seltenen Fällen auch sehen konnte. Aber so stofflich, so real wie in der vergangenen Nacht war es selten gewesen. Die Details in dem geblümten Stoff. Die einzelnen Haarsträhnen, die unter der Haube hervorschauten. *Der Geist musste ein wahrhaft dringliches Anliegen haben*, dachte Stefanie bei sich. Sie war gespannt auf die nächste Begegnung.

Schon in der folgenden Nacht wiederholte sich das Schauspiel. Dieses Mal war Stefanie vorbereitet und wartete gegen Mitternacht auf der Treppe. Anders als zuvor spürte sie zuerst den kalten Lufthauch. In ihrem Nacken kribbelte es, und noch bevor sie die Gestalt der Frau am oberen Ende der Treppe sah, hörte sie ihr flehendes Rufen.

„Liebes Kind, wo bist du?"

Wieder antwortete die zweite Stimme. Sie gehörte ebenfalls einer Frau, klang jedoch deutlich jünger, kindlich fast.

„Ei, hier auf der Treppe, da kehr' ich."

Suchend wand Stefanie den Kopf. Die Stimme schien von ganz nah zu kommen, doch sie konnte keine zweite Gestalt entdecken. Die Frau jedoch schien zu ahnen, woher die Stimme kam. Sie stieg die Treppe hinab, langsam, Stufe um Stufe. Die Kälte intensivierte sich, als sie näher kam. So nah, dass ihr Gesicht ganz dicht an Stefanies war, und diese die Verzweiflung in ihrem Blick sehen konnte. Die Erkenntnis traf sie wie ein Blitz. Dies musste eine Mutter sein, die nach ihrer Tochter suchte! Welch eine Tragödie hatte sich in diesem Haus abgespielt? Sie ließ den Blick über die Gestalt wandern, die nun reglos mitten auf der Treppe verharrte, konnte aber kein Anzeichen einer äußeren Verletzung erkennen.

„Wo bist du, mein liebes Kind? Ich habe die Schürze für dich, die du so begehrt hast!"

Erst jetzt sah Stefanie, dass der Geist in der linken Hand ein mit Lochstickerei verziertes Stück Stoff umklammerte.

Diesmal kam die Antwort aus einiger Entfernung.

„Ei, hier in der Küche, da wärm' ich mich."

Wie auf ein geheimes Kommando hin glitt der Geist los, weiter die Treppe hinab und durch die Eingangshalle. Stefanie folgte ihm. In der Küche blieb er reglos stehen, nur die Finger kneteten den Saum der Schürze.

„Ich finde dich nicht, mein liebes Kind, welch ein Spiel treibst du mit mir? Sag mir, wo bist du?"

Ein leises Lachen ertönte, bei dem es Stefanie kalt den Rücken hinunterlief. Es war nicht das Kichern eines Kindes, das Verstecken spielte. Es klang schadenfroh. Gehässig.

„Ach, hier im Bette, da schlaf ich", rief die Stimme der Tochter.

Sofort drehte sich der Geist um und schritt langsam, doch stetig auf die Treppe zu. Stefanie folgte ihm hinauf und über den Flur, doch als sie am Schlafzimmer der Gerstings ankamen, wurde die Gestalt durchscheinend und löste sich schließlich ganz auf.

Auch in den nächsten Nächten erschien der Geist und wandelte zuerst hinunter in die Küche, um dann wieder die Treppe hinauf in den ersten Stock zu nehmen und im Flur zu verschwinden. Jedes Mal folgte Stefanie ihm und versuchte, sein Geheimnis zu ergründen. Einmal versuchte sie, die umherirrende Mutter am Arm zu packen, doch Eiseskälte fuhr in sie, und noch am nächsten Morgen schmerzte ihre Hand. Die zweite Gestalt zeigte sich nie, und ihre Stimme ertönte nur, wenn sie auf das Rufen der Mutter antwortete. Auch das Lachen hörte sie immer wieder, und Stefanie beschlich langsam der Verdacht, dass sie es nicht mit zwei, sondern mit drei Geistern zu tun hatte, drei Frauen. Die Tage waren ruhig. Stefanie verließ das

Haus nur ein einziges Mal, um einige frische Lebensmittel zu besorgen. Bei einem Telefonat mit Gersting versuchte sie unbemerkt, etwas über das Haus in Erfahrung zu bringen. Hörbar aufgeräumt erzählte er ihr, dass sich die Villa bereits seit der Mitte des 19. Jahrhunderts im Besitz der Familie seiner Frau befand.

„Es gibt sogar noch alte Dokumente aus der Zeit", fuhr Gersting leutselig fort.

Stefanie beschlich der Verdacht, dass er angetrunken war. Es kostete sie wenig Mühe, ihm den Aufbewahrungsort der Unterlagen zu entlocken.

Nachdenklich betrachtete Stefanie das Foto. Es gab keinen Zweifel: Die verblichene Schwarz-Weiß-Aufnahme zeigte die Frau, die sie in den Nächten als Geist durchs Haus streifen sah. Sie saß stolz im Vordergrund des Bildes auf einem Stuhl. Neben ihr saß eine deutlich jüngere Frau, die der Älteren wie aus dem Gesicht geschnitten war. Das musste ihre Tochter sein! Das Kind, das sie so verzweifelt Nacht für Nacht suchte! Die Hände der beiden waren im Schoß der Mutter miteinander verschränkt. Selbst auf dem Foto war die tiefe Zuneigung der beiden zueinander spürbar. Kein Wunder, dass sie auch noch nach dem Tod aneinander gebunden waren.

Erst da bemerkte Stefanie die dritte Frauengestalt im Hintergrund. Eine zweite Tochter? Das Alter würde passen, doch ihre Kleidung war deutlich ärmlicher und abgewetzter als die der beiden anderen Frauen. Außerdem trug sie eine Schürze. Stefanie runzelte die Stirn. Irgendetwas klingelte in ihr, doch sie kam nicht darauf. Sie schaute noch einmal genauer auf das Foto. Die Frau im Hintergrund schien sie aus der Vergangenheit her anzustarren. Ein verkniffener Zug lag um ihren Mund, und tiefe Schatten umwölkten ihre Augen. Sie hatte die Arme hinter dem Rücken, als würde sie dort etwas verbergen, doch etwas lugte hinter dem Kleid hervor. Stefanie stutzte und hob die Fotografie näher ans Gesicht. Es war ein kleiner Strauß Lavendel.

Stefanie zückte ihr Smartphone und recherchierte kurz über eine Bildersuche. Der Kleidung zufolge stammte das Foto aus der zweiten Hälfte des 19. Jahrhunderts. Suchte die Mutter schon derart lange nach ihrem Kind? Stefanie schauderte bei der Vorstellung eines solchen, die Jahrhunderte überdauernden, Leids und beschloss, etwas dagegen zu unternehmen. Ihr war Ähnliches bereits schon einmal gelungen.

Sie nahm sich Papier und Stift und setzte sich an den Küchentisch. Fieberhaft notierte sie alles, was sie bislang beobachtet hatte. Der Geist erschien jede Nacht, und jede Nacht lief das Schauspiel nach denselben Regeln ab. Die Mutter folgte den Antworten ihres Kindes durch das Haus: Erst zur Treppe, dann in die Küche, letztlich wieder nach oben. *Das Geheimnis musste irgendwas mit diesen Orten zu tun haben*, dachte Stefanie, doch so sehr sie auch suchte, Teppiche anhob und Bohlen abklopfte, sie konnte keine Hinweise entdecken. Sie würde wohl bis zur Nacht warten müssen.

Kurz vor Mitternacht stand Stefanie auf der Treppe bereit. Als die Mutter rief und die Tochter antwortete, hörte sie genau hin, um den Ursprung der Stimme zu ergründen. Er schien von einer der Stufen herzurühren. Sie achtete nicht auf den Geist, der am oberen Rand der Treppe erschien, sondern ging in die Knie und begutachtete den Boden. Und tatsächlich ... Auf dem blank gelaufenen Holz vor ihr schimmerte etwas feucht. Sie beugte sich näher und tippte mit dem Finger hinein. Es war ein dunkelroter Blutstropfen. Sie wischte sich die Hand an der Hose ab und hechtete nach unten zur Küche. Ohne auf ihre schmerzenden Knie zu achten, rutschte sie auf den kalten Fliesen herum. Sie fand, was sie suchte: Ein weiterer Tropfen glänzte auf dem Boden. Sie lauschte. Noch hatte der Geist kein zweites Mal gerufen, er musste sich noch auf der Treppe befinden. Sie sprang auf und sah sich um. Auf einer Ablage über dem Spülbecken lag ein kleiner Metallschwamm von der Art, wie man sie zur Reinigung von Töpfen benutzte. Sie griff danach, öffnete mit den Wasserhahn und befeuchtete den Schwamm. Dann ließ sie sich auf die Knie fallen. Im gleichen Augenblick hörte sie den Geist rufen.

„Liebes Kind, wo bist du?“

Wild scheuerte Stefanie über den Fleck. Seife schäumte auf, von Dreck und Blut dunkel verfärbt. Ihre Hände brannten. Metallspäne bohrten sich in ihre Haut. Dann hörte sie die Stimme der Tochter.

„Ach, hier im Bette, da schlaf ich.“

Stefanie stieß einen Seufzer aus, ihr Plan ging auf. Achtlos warf sie den Schwamm beiseite und lief los, hinaus aus der Küche, hinauf in den ersten Stock, doch sie konnte nur noch einen Blick auf die schwindende Gestalt der Mutter erhaschen, bevor sie sich völlig in Luft aufgelöst hatte. Trotzdem ging sie weiter und blieb vor der verschlossenen Tür stehen, die ins Schlafzimmer führte. Etwas Ungeheuerliches musste hier geschehen sein, davon hatte sie das Blut überzeugt. War der Tochter ein schreckliches Unglück widerfahren, und die Mutter suchte noch Nacht für Nacht, Jahrhundert für Jahrhundert, nach ihrem verstorbenen Kind? Ob es ein Unfall gewesen war? Oder gar ein Gewaltverbrechen? Stefanie musste die Tränen wegblinzeln, wenn sie an das arme Mädchen dachte, das hier sein junges Leben verloren hatte. Auch es fand keine Ruhe und rief jede Nacht aufs Neue nach seiner Mutter. Wie gefühlskalt und egozentrisch mussten die Gerstings sein, dass sie von diesen Schmerzen nichts mitbekommen hatten, obwohl sie Nacht für Nacht in diesem Haus verbrachten? Nachdenklich betrachtete Stefanie das dunkle, mit Schnitzereien verzierte Holz der Schlafzimmertür. Eine weitere Erkenntnis traf sie. Der dritte Blutstropfen lag nicht vor, nein, er lag im Schlafzimmer. Und sie musste einen Weg hineinfinden.

Das Schlafzimmer war erstaunlich nüchtern eingerichtet. Stefanie hatte schwere Vorhänge erwartet, Ölgemälde. Kommoden im Rokoko-Stil, vielleicht sogar ein Himmelbett. Stattdessen beherrschten eine Schrankwand aus mattiertem Glas und ein niedriges Futonbett das Zimmer. Es war einfach gewesen, sich Zutritt zu verschaffen. Die Lüge, sie hätte ein Geräusch gehört, war ihr leicht über die Lippen gegangen. Dazu die vorgetäuschte Sorge um das Haus und ein kindlich-naives Zittern in der Stimme, und schon hatte Gersting ihr verraten, wo er einen Zweitschlüssel deponiert hatte. Natürlich hatte sie ihm versprechen müssen, seiner Frau nichts zu verraten. Noch einmal sah sie sich in dem Zimmer um. Auf einem Nachttisch waren einige Bücher übereinandergestapelt. Sie nickte zufrieden, trat neben das Bett und schlug gegen den Stapel. Sofort rutschten die Bücher herunter und rissen im Fall die Nachttischlampe mit hinab, deren gläserner Schirm beim Aufprall auf dem Boden zerbrach. Stefanie zückte ihr Smartphone und schickte Gersting ein Foto zusammen mit zwei weinenden Smileys.

Danach begann sie, sehr sorgfältig jeden Winkel des Zimmers zu überprüfen. Wie erwartet, fand sie nichts, und doch hatte sie das unbestimmte Gefühl, dass sie auf der richtigen Spur war.

In der Nacht zuvor hatte sie wieder auf der Treppe gewartet, bewaffnet mit dem Stahlschwamm und einem Bündel Lavendel, das sie im Garten gepflückt hatte. *Lavendel schützt und reinigt*, hatte ihre Oma immer gesagt.

Als zur Mitternacht Geist und Blutstropfen erschienen waren, hatte sie hektisch die Treppenstufe geschrubbt und konnte gerade noch die Blumen auf die Stelle legen, als der Geist zu rufen begann. Stefanie hielt den Atem an. Würde sie recht behalten? Reichte ein einfacher Putzschwamm, um einen jahrhundertealten Fluch zu brechen? Sie hatte zunächst überlegt, in der Küche auf den Geist zu warten und zu überprüfen, ob der Blutstropfen sich wieder materialisierte, doch dann hätte sie womöglich nicht geschafft, auch die Treppe zu reinigen – und sie war fest entschlossen, dem Spuk möglichst rasch ein Ende zu setzen.

„Ach, hier im Bette, da schlaf ich", rief die Tochter, und Stefanie ballte triumphierend die Faust. Der Geist drehte sich um und ging zurück in die Richtung, aus der er gerade gekommen war. Sie wollte sich gerade aufrichten, um ihm hinterherzueilen, als sie etwas am Knöchel packte. Sie verlor das Gleichgewicht, ruderte mit den Armen, glitt jedoch auf der noch nassen Seife aus und stürzte. Sie rutschte seitlich über mehrere Stufen hinweg, bis es ihr gelang, das Geländer zu packen. Ihr Kopf knallte hart gegen die schmiedeeisernen Stäbe und ihre linke Seite brannte. Ein leises Lachen schallte durch das Haus, dann versank es in Stille. Langsam rappelte sich Stefanie auf. Der Geist war verschwunden.

Stefanie zog ihr T-Shirt hoch und betrachtete den blauen Fleck, der sich deutlich über den linken Rippen zeigte. Die Haut war zudem aufgeschürft. Wieder vermeinte sie, den Griff um ihren Knöchel zu spüren, und schauderte. Irgendetwas übersah sie. In Gedanken versunken trank sie einen Schluck Tee. Nach der anstrengenden Nacht hatte sie – nicht zuletzt dank einiger Schmerzmittel – den halben Tag verschlafen. Das heiße Getränk weckte ihre Lebensgeister. Wer war die Dritte im Spiel? Offensichtlich wollte jemand verhindern, dass sie den Geist von seinem nächtlichen Umherwandern befreite. Die Mörderin? Mit der Hand schob sie die Unterlagen auseinander, die immer noch auf dem Küchentisch lagen. Wieder nahm sie das Foto und betrachtete es nachdenklich. Hatte die Frau mit dem Lavendel etwas mit der Sache zu tun? Wer war sie überhaupt? Ihrem Aufzug nach konnte es sich nur um eine Dienstmagd handeln. Aber warum war sie dann mit auf dem Familienfoto?

Sie verzog die Lippen, als sie weiter nachdachte. Wenn ein weiterer Blutstropfen hier im Schlafzimmer auftauchte –, warum verschwand die Mutter stets davor? Eine abgeschlossene Tür würde ihren Geist doch sicher nicht aufhalten! Dann griff sie sich an die Stirn. Jemand hatte den Geist ausgesperrt. Doch nicht mit einem Schlüssel.

Sie musste einen Tritthocker aus der Küche heraufschaffen, um dem Geheimnis auf die Spur zu kommen. Doch dann sah sie es. Lavendel, fein säuberlich in den Putz über dem Türrahmen eingelassen. Wer hatte das getan? Die Gerstings selbst? Hatten sie vielleicht doch etwas von den übernatürlichen Dingen, die in ihrem Haus vorgingen, mitbekommen? Stefanie runzelte die Stirn. Sie traute ihren Auftraggebern keine okkulten Handlungen zu, außerdem hatte sie das Gefühl, dass die getrockneten Blumen schon älter waren. Viel älter. Aber wer wollte verhindern, dass der Geist das Schlafzimmer betrat? Und warum? Wenn ihre Vermutung zutraf und sich hier ein weiterer Blutstropfen materialisierte, würde die Mutter entweder weiter fortgelockt werden oder der Spuk wäre endlich vorbei. Es sei denn, jemand wollte nicht, dass Mutter und Tochter endlich zueinanderfanden. Jemand wollte, dass ihr Fluch ewig anhielt. Gänsehaut kroch über Stefanies Nacken. Dann schüttelte sie die Beklemmung ab. Heute Nacht würde sie das Rätsel endlich lösen.

Im Schein der Taschenlampe fand Stefanie im Geräteschuppen im Garten mehrere Spachtel und weiteres Werkzeug, mit dem sie versuchen wollte, die Schutzkräuter im Schlafzimmer zu entfernen. Als sie ins Haus zurückkehrte, war es schon fast Mitternacht. Sie zögerte, doch dann nickte sie entschlossen. Die Gerstings würden am nächsten Tag zurückkehren, bis dahin wollte sie den Spuk beenden und dem umherirrenden Geist Ruhe schenken. Sie stieg auf den Tritthocker und begann, am Putz zu schaben. Feiner Staub, vermischt mit Lavendelblüten, fiel auf den Boden. Sie war fast fertig mit ihrer Arbeit, als ihr Smartphone vibrierte. Mitternacht. Schlagartig wurde es eisig im Raum. Verwirrt schaute Stefanie sich um. Diese Kälte war neu. Sie kroch ihr in die Knochen, ihr wurde übel. Eine Welle fremder Gefühle überschwappte sie, Angst und Trauer, doch da war noch anderes. Hass. Rachsucht. Ihr wurde schwindlig. Verzweifelt krallte sie sich an der oberen Türkante fest, um nicht vom Hocker zu stürzen.

Im mattierten Glas der Schrankwand spiegelte sich eine Gestalt. Stefanie keuchte auf. Es war die Frau mit dem Lavendel! Sie öffnete den Mund, und das Lachen ertönte durch den Raum. Stefanie wollte sich nach ihr umdrehen, doch in diesem Moment traf sie die Tür mit voller Wucht. Sie schrie auf und stürzte vom Hocker herunter. Ihr Kopf knallte gegen die Bettkante. Schmerz durchzuckte sie, und alles verschwamm vor ihren Augen. Durch den Nebel hörte sie leise Schritte. Dann schob sich das geblümte Kleid in die offene Tür.

„Liebes Kind, wo bist du?"

Die Antwort kam ohne Zögern.

„Ach, hier im Bette, da schlaf' ich."

Der Geist trat in den Türrahmen. Trotz des Pochens in ihrem Kopf kroch Stefanie von ihm weg. Die Stimme der Tochter war ganz in ihrer Nähe erklungen. Eine Welle der Übelkeit rollte durch sie hindurch, als der Geist das Zimmer betrat.

„Mein liebes Kind, wach auf, ich habe dir die Schürze mitgebracht. Deine Stiefschwester braucht sie nicht ..." Die Mutter vollendete den Satz nicht. Mit weit aufgerissenen

Augen starrte sie auf etwas. Unverständnis lag in ihrem Blick, dann Erkenntnis. Sie taumelte rückwärts und begann zu schreien.

Mit letzter Kraft zog Stefanie sich am Bettrahmen hoch – und blickte in zwei starre Augen. Sie ließ sich nach hinten fallen und begann zu würgen. Auf dem Futon lag die Leiche einer jungen Frau. Sie lag dicht am Rand, fast so, als könne sie jeden Moment hinauskullern, doch sie würde es nicht, nur ihr Kopf vielleicht, ihr Kopf, der abgetrennt über ihrem Rumpf auf dem Kissen ruhte. Blut tränkte die Laken, tränkte die Bettdecke mit den friedlich darüber gefalteten Händen, verschränkt in einem letzten, einem immerwährenden Gebet.

„Mein Kind, mein liebes Kind!", kreischte der Geist.

Stefanie wandte den Kopf und schrak zurück. Panisch schob sie sich rückwärts, bis sie mit dem Rücken an die Wand stieß. Ihr Atem ging heftig, und wieder musste sie würgen.

Die Mutter stand am Fußende des Bettes. Wahnsinn flackerte durch ihren Blick. In ihrer rechten Hand hielt sie ein Beil. Blutspritzer besudelten das geblümte Kleid.

Das Lachen ertönte, wurde lauter und lauter, bis es den ganzen Raum ausfüllte, während die Mutter mit dem blutigen Beil in der Hand immer noch schrie. Stefanie drückte beide Hände auf ihre Ohren, doch sie konnte dem Lachen und dem Schreien nicht entkommen. Der Raum um sie herum begann sich zu drehen, ihr wurde schwindlig. Das Würgen in ihrer Kehle schnürte ihr die Luft ab, Säure stieg hinauf, und sie erbrach sich, spie den Ekel und das Grauen hinaus, bis sie glaubte, daran ersticken zu müssen. Verschwommen sah sie, wie die Frau mit dem Lavendel an das

Bett herantrat, den abgetrennten Kopf an den Haaren packte und einen Tropfen Blut auf das Laken fallen ließ. Dann schritt sie aus dem Raum. Die Schreie verstummten. Einen Moment lang war es still. Totenstill. Dann drehte sich die Frau um.

„Liebes Kind, wo bist du?", rief sie und trat mit abwesendem Blick auf den Flur.

Dumpf hörte Stefanie, wie der Blutstropfen von der Treppe her antwortete. Dann versank sie in wohltuender Dunkelheit.

***

„Und es ist wirklich nichts passiert?", fragte Frau Gersting zum dritten Mal und strich sanft über die Blütenblätter ihrer Orchidee.

Stefanie legte ihr Arbeitslächeln auf. „Nein", antwortete sie ruhig. „Überhaupt nichts. Abgesehen von der zerbrochenen Lampe im Schlafzimmer." *Und einem abgetrennten Kopf*, ergänzte sie in Gedanken und unterdrückte ein Würgen.

„Aber das war doch nicht deine Schuld", sagte Gersting und legte ihr die Hand auf die Schulter. Dann hielt er ihr einen prall gefüllten Umschlag entgegen. „Für deine Mühe. Es ist etwas mehr als vereinbart." Er nickte ihr zu.

Sorgfältig verstaute Stefanie den Umschlag in ihrem Rucksack. Als sie am Morgen im Schlafzimmer der Gerstings zu sich gekommen war, hatte nichts mehr an die Vorkommnisse der Nacht erinnert. Einzig ihr geschwollener Knöchel und ein pochender Kopfschmerz hatten bewiesen, dass sie sich nichts eingebildet hatte. Die Löcher über der Schlafzimmertür hatte sie mit etwas Schnellmörtel aus dem Baumarkt repariert. Auch die Reste von Lavendel und

Staub waren schnell aufgekehrt gewesen.

„Wir sind sehr zufrieden mit deiner Arbeit und werden dich gern empfehlen. Außerdem würden wir uns freuen, wenn wir bei unserer nächsten Reise wieder auf dich zählen könnten." Mit diesen Worten begleitete Gersting sie zur Tür.

Sie unterdrückte das Humpeln.

Sicher nicht, dachte sie, als sie ihm noch einmal fröhlich zuwinkte, bevor sie die Einfahrt hinunterging. *Sicher nicht.*

Die Schmerzmittel verloren bereits ihre Wirkung, und die Strahlen der untergehenden Sonne verursachten ihr Kopfschmerzen. Als sie in ihre Tasche griff, um die Sonnenbrille hervorzuholen, knisterte etwas darin. Es war der Zeitungsausriss, den sie gefunden hatte, als sie die Unterlagen zurück in Gerstings Schreibtisch gelegt hatte. Das brüchige Papier hatte sich zuvor in der Schublade verkantet. „Dramatisches Ende einer Kindsmörderin" lautete die Überschrift in fetten Lettern. Der Artikel berichtete von der Witwe eines angesehenen Ratsmitglieds, die aus unbekannten Gründen ihre eigene Tochter brutal mit einem Beil enthauptet haben sollte. Die Stieftochter, die ebenfalls im Haus der Familie wohnte, hatte den Leichnam gefunden und die zuständigen Behörden informiert. Die Frau selbst hätte sich jedoch nicht an die Tat erinnern können und immer wieder nach dem Verbleib ihrer Tochter gefragt. Als man ihre Stieftochter zu ihr führte, habe die arme Frau einen Nervenzusammenbruch gehabt. Völlig außer sich habe sie die sichtlich überrumpelte junge Frau angegriffen. Dabei habe sie immer wieder die Worte „Falsche Seite! Falsche Seite!" geschrien. Schließlich hätte man sie in eine Nervenheilanstalt eingewiesen, wo sie sich noch in derselben Nacht das Leben genommen hatte. Die Stieftochter zeigte sich auf Nachfrage der Redaktion sichtlich erschüttert.

Unter dem Zeitungsartikel war ein Foto der trauernden Stieftochter abgebildet gewesen.

Es war die Frau mit dem Lavendel.

Über den Tod hinaus

Ausgabe 2, November 2021

„Bis der Tod euch scheidet" schwören sich Liebende auch heute noch. Doch was, wenn der Tod nicht trennen würde? Dieser Frage gehen die Geschichten in der zweiten Ausgabe des Totenschein nach.

Tanja schickt erneut ihre hellsichtige Protagonistin aus *Die drei Blutstropfen* ins Feld und verarbeitet dabei erneut ein Märchen der Gebrüder Grimm, wobei sie selbst von der Intensität des Stoffes überrascht wurde.

Carsten hingegen beschäftigt sich mit der Vorstellung, was mit Briefen geschieht, die nicht zugestellt werden können – zumindest nicht im Diesseits – und entwirft dabei ein geisterhaftes Reich, in dem noch weitere Geschichten auf ihre Entdeckung warten.

Ein Haus voller Liebe

Von Tanja Karmann

„Dann bleibt mir nur noch, Ihnen einen angenehmen Aufenthalt zu wünschen“, sagte die rundliche Frau mit der geblümten Bluse und reichte Stefanie den Zimmerschlüssel.

Diese nahm den Bund mit dem schweren Anhänger aus Metall, in dem die Nummer 107 eingraviert war, und schulterte ihren Rucksack. Mehr Gepäck hatte sie nicht mitgebracht.

„Der Aufgang zum Treppenhaus ist gleich hier vorne links. Ihr Zimmer ist das letzte auf der rechten Seite. Geradeaus geht es zum Frühstücksraum.“

„Vielen Dank“, entgegnete Stefanie, ging zum Treppenhaus und stieg die Stufen nach oben. Der Flur im oberen Stock war hell und freundlich, ebenso wie ihr Zimmer. Sie warf ihren Rucksack aufs Bett und schaute sich um. Der kleine Raum war modern eingerichtet, aber nicht steril. Helle Farben dominierten, Cremeweiß und Türkis. Kurz öffnete sie den Einbauschrank, mehr aus Neugier, um zu sehen, was sich darin verbarg. Brauchen würde sie ihn nicht. Nur ihren Kulturbeutel brachte sie in das schmale Badezimmer. Der geflieste Raum strahlte blitzblank, selbst die Armaturen funkelten. Auf der Website der Pension hatte gestanden, dass sie erst im Jahr zuvor eröffnet hatte. Aus diesem Grund hatte Stefanie sie ausgewählt. In dem kleinen Städtchen hätte es genügend andere Unterkünfte gegeben, viele davon im Stadtkern, alte Fachwerkhäuser und historische Gemäuer, doch sie hatte ihre Ruhe haben wollen. Die Agentur hatte zum Glück kein Problem mit einer kurzfristigen Auszeit gehabt. Ihren nächsten Housesitterjob hatte sie an einen Kollegen vermittelt, der im Ranking nur knapp hinter ihr stand. Das hatte ihr genügend Zeit verschafft, sich für einige Tage abzusetzen. Nach den jüngsten Ereignissen hatte sie einfach raus gemusst.

Sie sah auf die Uhr. Es war noch früh am Nachmittag, und sie beschloss, ein wenig die Gegend zu erkunden.

Draußen empfing sie ein lauer Herbstnachmittag. Sie ließ sich treiben und gelangte bald zu einem weitläufigen Park. Große Kastanienbäume, deren Blätter sich bereits leicht gelb und rot gefärbt hatten, säumten die breiten Wege. Einige Menschen gingen mit ihren Hunden spazieren, und drei Kinder spielten auf der Wiese Fangen. Davon abgesehen war es still.

Sie schlenderte eine Zeit lang durch den Park, ohne eine bestimmte Richtung einzuschlagen. Nach einer guten Stunde ließ sie sich auf einer Parkbank nieder. Die Sonne stand mittlerweile etwas tiefer und schickte ihre Strahlen schräg durch die bunten Herbstblätter. Seufzend schloss Stefanie die Augen. Bereits jetzt spürte sie, dass der Abstand ihr gut tat. *Manchmal muss man allem dem Rücken kehren*, hatte ihre Oma schon immer gesagt. Was sie wohl zu den jüngsten Ereignissen gesagt hätte? Stefanie hätte gern ihren Rat eingeholt.

Das Knurren ihres Magens holte sie aus den Gedanken. Sie öffnete die Augen und sah auf ihr Smartphone, es war halb sechs. Die wenigen Nachrichten, die sie in der Zwischenzeit erreicht hatten, ignorierte sie. Ihr würde später noch genügend Zeit bleiben, sich darum zu kümmern. Jetzt würde sie sich erst ein Bistro suchen, um eine Kleinigkeit zu Abend zu essen.

Als sie aufstand, fiel ihr Blick auf eine Ruine, die ein gutes Stück entfernt zwischen den Bäumen hindurchlugte. Irgendetwas daran erregte ihre Aufmerksamkeit, und sie machte ein paar Schritte zur Seite, um sie besser zu sehen. Es war ein Turm oder, noch besser, es musste einer gewesen sein. Jetzt ragten nur noch Überreste gen Himmel. Efeu umklammerte die brüchigen Steinmauern und verstärkte den verwunschenen Eindruck.

In diesem Moment ertönte eine Fahrradklingel hinter ihr. Erschrocken trat Stefanie einen Schritt beiseite und ließ einen jungen Mann vorbei, der fröhlich grüßend an ihr vorbeifuhr. Sie erwiderte sein Lächeln, warf noch einen Blick zur Ruine und machte sich auf den Weg zurück zur Innenstadt.

Als Stefanie am nächsten Morgen erwachte, stellte sie überrascht fest, dass der Vormittag bereits weit fortgeschritten war. Das war ungewöhnlich, normalerweise begann sie ihren Tag sehr früh. Noch mehr wunderte sie sich darüber, dass sie tief und traumlos durchgeschlafen hatte. Sie hatte kein Problem damit, in fremden Betten zu übernachten, das gehörte zu ihrem Alltag. Doch in der Regel schlief sie nie mehr als wenige Stunden am Stück. Sie schwang die Beine aus dem Bett. Wenn sie noch frühstücken wollte, musste sie sich beeilen.

Wenig später radelte sie am Rand eines schmalen Flusslaufs entlang. Die Wirtin hatte ihr nicht nur einige interessante Ausflugsziele genannt, sondern ihr auch ein Fahrrad geliehen, und es stellte sich heraus, dass dies eine gute Idee gewesen war. Stefanie genoss die gleichmäßige Bewegung auf der ebenen Strecke und den leichten Wind, der ihr ins Gesicht blies. Auch das Wetter zeigte sich von seiner besten Seite. Sie fuhr bis zum Nachbarort, wo sie in einer historischen Mühle zu Mittag aß und ein wenig durch die Läden stöberte. Als sie am Nachmittag zurückfuhr, entschied sie sich, eine andere Route zu nehmen.

Sie war fast an der Pension angekommen, als mit einem Mal der Turm vor ihr aufragte. Sie bremste und betrachtete das alte Gemäuer einen Augenblick lang, dann stieg sie ab und schob das Fahrrad einen schmalen Trampelpfad entlang. Vorsichtig stellte sie es ab und trat näher.

Von dem früheren Gebäude war wirklich nicht viel übrig. Der ehemals rechteckige Turm war teilweise bis auf die Grundmauern eingestürzt, nur eine Ecke war noch intakt. Die hintere Wand stand noch in ihrer ursprünglichen Breite, die daran anschließende nur halb. Stefanie legte den Kopf in den Nacken und sah nach oben. Der Teil des Turms, der noch stand, ragte etwa fünf Meter in die Höhe. Ohne nachzudenken, trat sie noch einen Schritt näher und legte die Hand auf den rauen Stein.

Ein Kichern wehte durch die Luft. Stefanie erstarrte für einen Moment, doch dann horchte sie auf. Das Lachen klang nicht heimtückisch oder schadenfroh. Eher fröhlich. Verliebt. Wie eine junge Frau, die ihren Liebsten neckt. Sie schloss die Augen und konzentrierte sich.

„Komm doch, nur ein einziger Kuss“, wisperte die Stimme einer jungen Frau.

Ein warmes Gefühl machte sich in Stephanie breit. Unwillkürlich lächelte sie. Ihr Herz klopfte, aber es fühlte sich nicht beängstigend an, ganz im Gegenteil. Für einen Moment glaubte sie, eine sanfte Berührung auf der Haut zu spüren, auf dem Gesicht, dem Hals, ihrer Schulter. Dann war es vorbei. Stefanie blieb noch einen Moment stehen, doch die Eindrücke kehrten nicht zurück.

Sieh an, dachte sie, als sie zurück zur Pension radelte. *So kann es also auch sein.*

In dieser Nacht fand sie nicht so leicht in den Schlaf. Obwohl sie nach der ungewohnten Bewegung und einer ausgiebigen heißen Dusche hundemüde ins Bett gefallen war, wälzte sie sich unruhig hin und her. Immer, wenn sie die Augen schloss, hörte sie die Stimme der jungen Frau. Sie lachte, neckte und bat um mehr Küsse.

„Nimm mich mit fort", hörte Stefanie sie wispern. Und dann kamen die Berührungen, zärtlich und spielerisch erst, dann leidenschaftlicher.

Stefanie versuchte, die Eindrücke wegzuschieben, doch warme Lippen legten sich auf ihre, strichen ihren Hals entlang und weiter ihren Körper hinab, und fast ohne ihr Zutun schob sich ihre Hand unter ihr T-Shirt.

„Es ist uns verboten."

Diesmal war es die Stimme eines Mannes, Sehnsucht und Schmerz lagen in ihr, mehr, als Stefanie ertragen konnte. Entschlossen griff sie nach ihrem Handy, stöpselte die Kopfhörer ein, die auf dem Nachttisch lagen, öffnete einen Player und vertrieb die geisterhaften Liebesbekundungen mit Musik.

Die Wirtin räumte gerade zwei Gedecke ab, als Stefanie den kleinen Frühstücksraum betrat. Außer ihr war niemand anwesend.

„Ich bin ein wenig spät dran – schon wieder", entschuldigte sich Stefanie, doch die Wirtin schüttelte nur lachend den Kopf und deutete auf einen freien Tisch am Fenster.

„Das macht nichts, Hauptsache, Sie haben gut geschlafen. Kaffee?"

„Lieber einen schwarzen Tee", bat Stefanie.

Die Wirtin nickte und verschwand.

„Haben Sie gestern etwas Schönes erkundet?", wollte sie wissen, als sie kurze Zeit später wiederkam und ein Kännchen vor ihr abstellte.

Stefanie berichtete kurz von ihrem Ausflug. „Auf dem Rückweg bin ich noch an der Ruine eines Turms vorbeigekommen", schloss sie.

„Ach, am Jungfernturm?" Die Wirtin räumte das benutzte Geschirr vom Tisch.

Stefanie merkte auf. „Interessanter Name. Gibt es eine Geschichte dazu?"

„Man erzählt sich, dass vor vielen Jahrhunderten ein Ehepaar dort lebte. Nachdem sie lange vergeblich gehofft hatten, bekamen sie später noch ein Kind, eine Tochter. Der Vater soll das Mädchen so abgöttisch geliebt haben, dass er sie nicht verheiraten wollte. Stattdessen sollte sie lieber bei ihm und seiner Frau bleiben."

„Und was passierte dann?"

Die Wirtin lachte. „Was immer geschieht – eines Tages kam ein junger Mann vorbei. Er verdrehte dem Mädchen den Kopf, und sie lief mit ihm davon."

Stefanie dachte an ihre Träume in der Nacht und wurde rot. Unvermittelt rückte sie den Stuhl nach hinten und stand auf. „Ich muss los", murmelte sie und verließ den Frühstücksraum.

Stefanie versuchte den ganzen Vormittag lang alles, um sich abzulenken, doch die Gedanken an die nächtlichen Erlebnisse und die Geschichte der Wirtin ließen sie nicht los. Es war nicht ungewöhnlich, dass sie Schwingungen wahrnahm, doch normalerweise waren es Orte, an denen schreckliche Dinge geschehen waren. Die Geschichte der Jungfer aus dem Turm hatte jedoch glücklich geendet. Immerhin hatte sie jemanden gefunden, der sie liebte, anstatt bis zu ihrem Lebensende im Haus ihrer Eltern zu versauern. Und dass sie verliebt gewesen war, daran bestand kein Zweifel. Doch warum hingen die Überreste dieser Gefühle noch immer in dem alten Gemäuer? Ein ungutes Gefühl beschlich sie. Irgendetwas stimmte hier nicht. Sie seufzte. Es sah ganz so aus, als könne sie sich doch keine Auszeit gönnen.

Obwohl das Wetter an diesem Tag trüb und regnerisch war, lieh sie sich erneut das Fahrrad und fuhr hinüber zur Ruine. Im Licht der wolkenverdeckten Sonne sah der Turm mit einem Mal gar nicht mehr so idyllisch und mystisch aus, eher abweisend und düster. Ein Gefühl der Enge machte sich in Stefanies Brust breit. Trotzdem schloss sie die Augen und konzentrierte sich, doch so sehr sie auch lauschte, es blieb still. Stirnrunzelnd trat sie an die Mauern heran und untersuchte sie eingehender.

An einer Seite lief ein horizontaler Holzbalken über den Steinen. Hier musste der Eingang zum Turm gewesen sein! Sie schritt hindurch, konnte aber nichts spüren, auch nicht, als sie es mehrfach versuchte. Schon wollte sie sich zum Gehen wenden, als ihr etwas an einem der oberen Steine am Türrahmen ins Auge fiel. Befanden sich dort Schriftzeichen? Stefanie prüfte das Mauerwerk, dann schob sie die Spitze ihres Schuhs in eine Ritze, suchte mit den Händen Halt und zog sich hoch. Die Zeichen waren von Zeit und Wetter verwittert, doch Stefanie konnte klar einige Buchstaben erkennen. Eine Inschrift! Vorsichtig, um nicht abzustürzen, zog sie ihr Smartphone aus der Hosentasche und machte eine Aufnahme. Dann sprang sie ab und landete im Gras. Neugierig rief sie das Foto auf und zog die Aufnahme größer. Sie war nur wenig verwackelt, einige Buchstaben waren deutlich zu erkennen, andere fehlten gänzlich. Sie brauchte einen Moment, bis sie alles zusammenfügen konnte.

Zieht die Liebe in das Haus, geht sie nimmermehr hinaus.

Stefanie lächelte.

Dann wurde es schwarz um sie. Ein unerbittlicher Drang, wegzulaufen, breitete sich in ihr aus, doch sie konnte sich kaum rühren. Sie keuchte auf. Wieder hörte sie die Stimme der jungen Frau, diesmal flehend und halb erstickt.

Lass mich gehen! Bitte!

Panik machte sich in Stefanie breit, und sie schlug um sich. Ihre Hand traf auf einen Stein, und der plötzliche Schmerz riss sie in die Realität zurück. Für einen Moment stand sie wimmernd und heftig atmend vor der Ruine, bis es ihr endlich gelang, die Vision abzuschütteln. Schließlich schaffte sie es, sich einige Meter entfernt ins Gras sinken zu lassen.

Die Intensität des Erlebten ließ sie immer noch zittern. Die Angst der jungen Frau hatte sie völlig unvermittelt getroffen. Die Arme eng um den Körper geschlungen, versuchte Stefanie, die Szene einzuordnen. Hatte der Vater von den Absichten seiner Tochter erfahren und sie eingesperrt? Als sie an das Entsetzen dachte, das in der Stimme gelegen hatte, kamen Stefanie fast die Tränen. Gleichzeitig stieg Wut in ihr auf. Wie konnte man sein eigenes Kind derart behandeln? Sie stand auf und klopfte sich den Dreck von der Hose. Die junge Frau hatte gut daran getan, mit ihrem Liebhaber zu fliehen.

Die Wirtin stellte gerade eine Blumenvase auf den Tresen der Rezeption, als Stefanie zurück zur Pension kam.

„Alles in Ordnung? Sie sehen ein wenig mitgenommen aus."

„Was? Nein, alles okay", murmelte Stefanie und war schon halb im Flur, als sie sich noch einmal umdrehte. „Sagen Sie mal, dieser Jungfernturm ... Wissen Sie vielleicht noch mehr darüber? Ist die Tochter wirklich weggelaufen?"

Die Wirtin sah sie skeptisch an. „So erzählt man es sich hier, ja."

„Und die Eltern? Weiß man etwas über sie?"

„Sie stellen aber merkwürdige Fragen! Über das Ehepaar erzählt man sich nichts, nur dass sie treusorgende und fleißige Leute waren. Was man sich eben in solchen Geschichten erzählt."

„Der Vater war also nicht gewalttätig?" Stefanie konnte noch nicht lockerlassen.

„Gewalttätig?" Die Frau stieß die Luft aus. „Das waren andere Zeiten, Kindchen, sicher war er streng und hat seine Tochter auch mal bestraft. Aber so schlimm wird es nicht gewesen sein, sie ist ja irgendwann zurückgekommen."

„Sie ist wieder nach Hause gekommen?“ Stefanie konnte es nicht fassen.

„Tja, hat mit dem feschen Liebhaber wohl doch nicht dauerhaft funktioniert. Manchmal haben Väter schon recht.“ Die Wirtin lachte, doch Stefanie konnte nicht einstimmen. „Aber wenn Sie sich so sehr dafür interessieren, sollten Sie mit meinem Freund Christian sprechen. Er führt die kleine Buchhandlung hier im Ort und interessiert sich sehr für Heimatkunde. Wenn jemand mehr weiß, dann er. Ich rufe ihn gleich mal an.“

Wenig später saß sie im Hinterzimmer der Buchhandlung, das von Christian beziehungsweise Herrn Hoff, wie der Mittfünfziger sich freundlich vorgestellt hatte, als Büro genutzt wurde. Der Buchhändler und passionierte Heimatkundler war mehr als erfreut gewesen, dass sich jemand für die Geschichte des Ortes interessierte. Er hatte Stefanie direkt für den gleichen Nachmittag zu sich eingeladen und bereits einen Stapel Bücher herausgesucht, als sie kam. Sie unterdrückte ein Seufzen. Sie hatte sich nie wirklich für Historie interessiert, sondern sich bei ihren früheren Begegnungen mehr auf ihr Gespür verlassen und das, was sie von ihrer Großmutter gelernt hatte. Dennoch hörte sie Herrn Hoff aufmerksam zu, während sie an den Keksen knabberte, die er ihr zusammen mit Tee angeboten hatte. Schließlich gelang es ihr, das Gespräch in die richtige Richtung zu lenken.

Zu ihrem Bedauern schüttelte der Buchhändler jedoch den Kopf. „Leider gibt es kaum Aufzeichnungen zu dem alten Turm“, enttäuschte er sie. „Zu seiner Bauzeit muss er recht weit außerhalb des Dorfes gelegen haben. Der Ort war damals bei weitem nicht so groß wie heute, eher so etwas wie ein Weiler. Wenn die Fachleute sich nicht täuschen", sein Tonfall machte deutlich, dass er sich selbst zu diesen Experten zählte, „wurde das Gebäude in der Mitte des 16. Jahrhunderts gebaut. Es hatte eine schlichte rechteckige Form, von der Innenfläche groß genug, um Wohnraum für eine Familie zu schaffen. Warum es allerdings in die Höhe gebaut wurde, ist nicht ganz nachvollziehbar. Einige meiner Kollegen sind der Ansicht, im unteren Geschoss wären Tiere untergebracht gewesen, und erst darüber hätten sich die Räume für die Bewohner befunden. Das wäre zwar an für sich nicht ungewöhnlich, aber mir erscheint es nicht plausibel." Er trank einen Schluck Tee. „Zumal im unteren Geschoss noch einige bauliche Besonderheiten sind, die sich mir noch nicht ganz erschließen."

Stefanie horchte auf. „Die da wären?"

„Nun, zum Beispiel wurde eine Wand offenbar im Nachhinein verstärkt. Das ist wohl auch der Grund, warum sie heute noch steht. Was damit bezweckt werden sollte, ist unklar. Insgesamt ein durchaus interessantes Forschungsobjekt."

„Und die Leute, die darin gewohnt haben? Ich hörte, es hätte dort ein Ehepaar mit einer Tochter gelebt."

„Ja, das erzählt man sich", nickte Herr Hoff und zog ein dünnes Buch hervor. Er schlug es auf und deutete auf einige Tabellen, deren handschriftliche Eintragungen Stefanie auf Anhieb nicht entziffern konnte.

„Was ist das?"

„Das ist ein altes Register über die Einwohner des Ortes, besser gesagt, über die Abgaben, die sie entrichten mussten." Er tippte mit dem Finger auf eine Stelle. „Sehen

Sie, hier wird der Turm erwähnt", er blätterte einige Seiten weiter, „ebenso hier und hier. Offenbar haben die Bewohner über einige Jahre hinweg regelmäßig gezahlt. Dann enden die Einträge jedoch."

Stefanie sah überrascht auf. „Was bedeutet das?"

Herr Hoff zuckte mit den Schultern. „Das kann man nicht mit Sicherheit sagen. Vielleicht wurde der Schreiber nachlässig, vielleicht sind die Leute weggezogen. Oder sie sind gestorben."

Stefanie stand am Fenster ihres Zimmers und versuchte, die Puzzleteile zusammenzufügen. Das Gespräch mit Herrn Hoff hatte keine neuen Erkenntnisse gebracht. Sie warf einen Blick in den Garten, der hinter der Pension lag. Die Nacht war bereits hereingebrochen, doch im Schein des Vollmonds konnte man noch gut die gepflegten Gemüsebeete erkennen, die die Wirtin angelegt hatte. Tomaten, Zucchini, Mausohrsalat. Mit einem Seufzer wandte sie sich ab, schnappte sich Notizblock und Stift und ließ sich aufs Bett sinken, um zu notieren, was sie bereits wusste. Lange brauchte sie nicht dafür. Sie klopfte mit dem Ende des Stifts gegen ihre Unterlippe, während sie die dürftigen Informationen betrachtete. Eigentlich war der Fall klar: Die guten und rechtschaffenen Eheleute hatten den Turm erbaut. Stefanie konnte beinahe bildlich vor sich sehen, wie der Mann die Inschrift in den Stein an der Tür meißelte, während die Frau ihm lächelnd zusah. Vielleicht war sie zu dem Zeitpunkt schon schwanger gewesen. Aus Sorge um das einzige Kind waren sie streng gewesen und hatten das Mädchen eingesperrt. Irgendwann war es jedoch gekommen, wie es kommen musste: Die Tochter wurde erwachsen, ließ sich von einem Fremden verführen und verließ ihr Zuhause. Die Eltern blieben allein zurück und verstarben irgendwann, der Turm zerfiel.

Wie im Märchen von Rapunzel.

In einem plötzlichen Wutanfall riss Stefanie das Papier vom Block und zerknüllte es. Irgendetwas stimmte hier nicht, das fühlte sie ganz genau. Und auf ihr Gefühl konnte sie sich verlassen, das zumindest hatte sie in den letzten Monaten gelernt, wenn auch sonst auf nur wenig.

Sie erhob sich und tigerte im Zimmer auf und ab.

Was übersah sie?

Und dann fiel es ihr ein.

Die Reihenfolge.

Wenn der Vater zuerst seine Tochter eingesperrt hatte und sie sich danach verliebt hatte, warum hatte sie dann zuerst die Zärtlichkeiten zwischen den beiden Liebenden erspürt und danach die Angst der Tochter? Oder hatten die Eltern ihr Kind erwischt und vergeblich versucht, seine Flucht zu verhindern?

Es gab nur eine Möglichkeit, die Antwort zu finden. Stefanie zog ihre Schuhe an und schlüpfte in ihre Jacke.

Und nur einen richtigen Zeitpunkt.

In der Ferne schlug eine Kirchturmuhr. Stefanie brauchte die Schläge nicht zu zählen, um zu wissen, dass es an der Zeit war. Sie stand vor dem Eingang der Ruine, direkt unterhalb der Inschrift, und zog die Jacke enger um sich. Sie fröstelte. Auch wenn die Herbstsonne tagsüber noch ordentlich wärmte, wurde es mittlerweile nachts bereits empfindlich kühl. Doch das war nicht der Grund für ihre Gänsehaut.

Einen Moment lang spielte sie mit dem Gedanken, sich wieder auf das Fahrrad zu schwingen, zur Pension zu fahren und die Ruine hinter sich zu lassen. Was hatte sie mit irgendwelchen alten Türmen zu schaffen? Doch sie wusste, sie würde keine Ruhe finden, solange dieses Rätsel nicht gelöst war. Wie jedes Mal.

Die erste Vision war über sie gekommen, als sie die Mauern berührt, die zweite, als sie das Foto der Inschrift betrachtet hatte. Es war klar, was sie tun musste.

Sie atmete noch einmal tief durch, dann legte sie die Hand auf den Stein.

„Zeig mir", flüsterte sie. Nahezu augenblicklich veränderte sich die Szenerie, und sie sah einen Mann. Er stand mit dem Rücken zu ihr auf einem Schemel und schlug mit Hammer und Meißel die Inschrift in den Stein. Dabei pfiff er leise vor sich hin. Stefanie runzelte die Stirn. War das der Vater der jungen Frau?

Der Geist bemerkte sie nicht, sondern fuhr mit seiner Arbeit fort. Schließlich war er fertig, und Stefanie konnte die Worte klar und deutlich erkennen, die er in den Stein geschlagen hatte.

Zieht die Liebe in das Haus, geht sie nimmermehr hinaus.

Der Mann betrachtete sein Werk kritisch. Als ein zufriedenes Lächeln sein Gesicht überzog, hörte er für einen kurzen Moment zu pfeifen auf.

Im gleichen Augenblick hörte Stefanie das verzweifelte Wimmern.

Es kam aus dem Inneren des Turms.

Der Mann begann wieder zu pfeifen, doch nun, da sie es einmal gehört hatte, übertönte er das Weinen nicht mehr.

Stefanie ließ ihn zurück und folgte dem Schluchzen. Hinter den Mauern war jedoch nichts zu sehen. Sie stand in der Mitte des ehemaligen Raumes und lauschte. Der Ursprung des Geräuschs lag eindeutig an der hinteren Mauer. Was hatte Hoff darüber noch gesagt? Dass sie aus irgendeinem Grund verstärkt worden war? Langsam trat sie näher und betrachtete die Steine, konnte jedoch nichts Ungewöhnliches ausmachen. Sie schluckte, dann nahm sie all ihren Mut zusammen, hob den Arm und legte die Hand erneut auf das alte Gemäuer.

Schlagartig wurde es dunkler, und Eiseskälte griff nach ihr. Panik würgte an ihrem Hals. Instinktiv wollte sie zurückweichen, doch kalter Stein drückte von hinten gegen ihr Kreuz. Als sie die Hände hob, stieß sie auch vorn gegen Widerstand. Hilflos tastete sie an der Mauer entlang. Etwas über Augenhöhe befand sich ein schmaler Spalt im Gemäuer, durch den ein letzter Hauch von Licht fiel.

Von jenseits der Mauer erklang ein Pfeifen.

„Lass mich gehen! Bitte!“, hörte sie jemanden schluchzen, und es dauerte einen Augenblick, bis sie erkannte, dass sie selbst es war, aus deren Brust sich die Worte gelöst hatten. Sie bekam keine Antwort, doch in dem schmalen Spalt erschien eine Hand, die mit einer Kelle weichen Mörtel auf dem Sims verteilte. Sie wollte nach den Fingern greifen, doch ihre Hand wurde grob weggedrückt von einem neuen Stein, der den Spalt ein weiteres Stück verschloss.

„Weine nicht“, sagte die Stimme vor der Mauer. „Du bist wieder zu Hause. Wie du es dir gewünscht hast.“

Sie wollte etwas erwidern, ihn anflehen, sie wieder herauszulassen. Dass sie einen Fehler begangen hatte, mit ihm zusammen sein wollte, nur mit ihm. Doch sie brachte nur noch ein Krächzen hervor. Ihre Finger glitten über den nackten Stein, ein stechender Schmerz durchfuhr sie, als sie in einer Ritze hängen blieb und der Nagel abriss.

Plötzlich ertasteten ihre Finger etwa Weiches. Sie schaute nach links und erkannte im letzten Lichtschein ihre Mutter. Der leblose Körper war mit einem Seil festgebunden worden, sodass er aufrecht stand. Der Kopf jedoch war auf die Brust gesunken. Blut verklebte die Strähnen ihres langen Haares.

Laut keuchend drehte sie den Kopf und blickte direkt in das Gesicht ihres Vaters, der sie aus leblosen Augen anstarrte. In seinem Schädel klaffte ein großes Loch.

Sie musste würgen.

„Zieht die Liebe in das Haus, geht sie nimmermehr hinaus“, sang der Mann leise vor sich hin und schob einen letzten Stein in den Spalt.

Sie begann zu schreien.

Stefanie erwachte am nächsten Morgen in der Ruine. Für einen Moment lang überkam sie erneut Panik, doch dann gelang es ihr, sich zu beruhigen. Ihre Glieder waren steif von der nächtlichen Kälte, und ihre Hände schmerzten, die Fingernägel abgerissen und blutig.

Mühsam erhob sie sich, darauf bedacht, die Mauer nicht noch einmal zu berühren. Eine Weile stand sie da und starrte auf die hintere Wand des Turms. Dann kehrte sie dem Gebäude den Rücken zu.

„Schade, dass Sie schon abreisen“, bedauerte die Wirtin und gab Stefanie die Kreditkarte zurück, mit der sie das

Zimmer bezahlt hatte. „Ich hoffe, Sie hatten dennoch einen angenehmen Aufenthalt."

„Natürlich", versicherte Stefanie ihr und sah auf die Uhr an der Wand. In weniger als einer halben Stunde würde Hoff seine Buchhandlung öffnen. Sie nahm an, dass er dann den Brief finden würde, den sie ihm ohne Absender unter der Tür hindurchgeschoben hatte. Wenn sie den Mann richtig einschätzte, würde er alles Nötige veranlassen. Bis dahin wollte sie den Ort verlassen haben.

***

Einige Tage später trat Stefanie aus der Tür einer Villa und ging durch den breit angelegten Vorgarten. Die Besitzer waren am Tag zuvor zu einer Kreuzfahrt aufgebrochen und hatten sich hocherfreut gezeigt, noch schnell eine Housesitterin zu finden. Freundlich grüßte sie den Nachbarn, als sie zum Briefkasten ging, um die tägliche Post zu leeren. Im Rohr darunter steckte eine zusammengerollte Zeitung.

„Grausiger Fund in Turmruine gesichert", hämmerte ihr die Schlagzeile entgegen.

Stefanie ging zurück ins Haus und legte die Zeitung auf einen Stapel im Arbeitszimmer. Sie brauchte den Artikel nicht zu lesen, um zu wissen, dass in der alten Mauer die Überreste von drei Menschen gefunden worden waren. Und Kratzspuren an der Innenseite der Steine.

Totenpost

Von Carsten Schmitt

Die Toten bekamen das ganze Jahr über Post, doch nie so viel wie vor Weihnachten. Nina kämpfte sich durch den Schnee, der gut einen Meter hoch links und rechts neben den Stufen zur Haustür lag. Sie konnte sich nicht erinnern, dass es Mitte Dezember jemals so viel – wenn überhaupt – geschneit hatte. Doch hier gab es keinen Kalender und keine Jahreszeiten, nur ein stetiges Jetzt, das zu einem endlosen Winter gefroren war. Eiszapfen glitzerten im Licht der fahl leuchtenden Scheibe, die als kümmerliches Abbild der Sonne am Firmament stand.

Nina nahm die letzten beiden Stufen und hob die Hand, um den Klingelknopf neben der Tür zu drücken, doch diese schwang in eben jenem Moment nach innen.

Wie von Geisterhand, dachte sie und schalt sich im nächsten Augenblick für das dumme Klischee. Tatsächlich aber war niemand da, der die Tür hätte öffnen können. Nina folgte der unausgesprochenen Einladung und schritt über die Schwelle. Den Brief hielt sie dabei wie ein schützendes Amulett vor sich in der ausgestreckten Hand.

Das Haus, oder besser die Erinnerung eines Hauses, war aufgeräumt, sauber, fast aseptisch. Eine schwarze Vase stand auf einem weiß lackierten Beistelltisch, doch es waren keine Blumen darin. Der schwarze Marmorboden war so blank poliert, dass sie ihr Spiegelbild unter sich in der Tiefe verschwinden sah. Durch den Anblick wurde ihr schwindelig, und sie hob rasch wieder den Blick. An den

Wänden hingen gerahmte Fotos, doch wo die Gesichter von Freunden und Familie hätten sein sollen, wo betrauerte Großeltern und geliebte Kinder und Enkel aus den Bildern lächeln sollten, waren nur schwarze Rechtecke zu sehen.

„Hallo", rief sie zögerlich. Dann fügte sie mit festerer Stimme hinzu: „Ich habe einen Brief für Sie."

„In der Stube, Kind." Die Stimme kam von überall her zugleich, aus den Wänden und der Decke, drang aus dem Fußboden und erfüllte sie wie eine Vibration von den Füßen bis in den Schädel.

Kind – wie sie es hasste. Nur um sicherzugehen, antwortete Nina: „Ich bin von der Post. Jemand ... jemand hat Ihnen einen Brief geschrieben."

„Wie schön!" Die Antwort war wie ein Eiszapfen, den ihr jemand ins Rückenmark rammte. „Bitte, komm doch!"

Am Ende des kurzen Flurs öffnete sich eine weitere Tür, und Nina schritt hindurch. Das Wohnzimmer dahinter war groß, viel zu groß, als dass es in das Haus hätte passen dürfen, und das galt auch für die Einrichtung. Nina hätte sich auf einer der schneeweißen Fliesen am Boden der Länge nach ausstrecken können, ohne die Fugen zu berühren. Die Vitrinen an den Wänden und die Fensterbänke waren mit Porzellanfiguren und Puppen vollgestopft, die Nina bis zur Schulter reichen mussten. Keine der Figuren hatte ein Gesicht. Dort, wo es sich hätte befinden müssen, war nichts weiter als eine glatte Fläche knochenbleicher Glasur.

„Komm!"

Die erneute Aufforderung traf sie wie eine Ohrfeige, heiß und schneidend. Ihre Wangen begannen zu glühen, aus Scham oder Schuldgefühlen für eine Regelübertretung, derer sie sich nicht einmal bewusst war.

Obwohl ihnen die Augen fehlten, hatte Nina das Gefühl, dass die Puppen sie beobachteten, als sie den Raum durchquerte. Sie lenkte ihre Schritte automatisch in Richtung der einzigen weiteren Möbel. Ein Wohnzimmertisch, hoch genug, dass Nina nicht über die Tischkante blicken konnte, und ein Ohrensessel, dessen Rückenlehne dem Eingang zugewandt war. Wie im Traum brachte sie jeder ihrer Schritte meterweise näher an den Ursprung dieser Stimme – dem Sessel und dem, was darin sitzen mochte.

Am Ende ihres Weges angelangt, hielt sie inne. Sie wollte diesen Sessel nicht umrunden, doch eine bleiche Hand ragte an einem dürren Arm über die Seitenlehne und wies auf einen Fußschemel, der dem Sessel gegenüberstand. „Setz dich, Kind!"

Nina fragte sich, wie sie über das glatte Polster hinaufklettern sollte, da begann der Schemel zu schrumpfen, bis er die richtige Größe für sie angenommen hatte. Er glich einem Puppenmöbel, das in der Welt der Erwachsenen vergessen worden war.

Alles in ihr drängte danach, sich umzudrehen und zu fliehen, doch etwas sagte ihr, dass es aussichtslos wäre. Sie tat die letzten Schritte hin zu der ihr angebotenen Sitzgelegenheit und verspürte dabei die Last eines Blickes auf sich. Eines Blicks, der so schwer war, dass er sie erdrücken könnte.

Die Toten können den Lebenden nichts anhaben, hatte ihr einmal ihre Freundin Stefanie erklärt, als sie eines Nachts auf dem Nachhauseweg eine Abkürzung über den Friedhof genommen hatten. Nina war sich nicht sicher, ob das nur für Geistererscheinungen galt, die die Welt der Lebenden noch nicht verlassen hatten, oder ob es auch auf jene Tote zutraf, denen man im Jenseits begegnete. Hier galten andere Regeln, denen sie sich unterwerfen musste.

„Setz dich!"

Wieder gehorchte Nina dem Impuls und nahm auf dem Hocker Platz. Sie fragte sich, ob ihr Körper ihr gehorchen würde, sollte sie versuchen, wegzulaufen.

„Sieh mich an!"

Es war eine Frau – eine Tote, verbesserte sich Nina, oder eine Seele, wie Frau Ehrlich sagen würde. Die Seele sah ein bisschen aus wie die Schauspielerinnen aus einer der alten Agatha-Christie-Verfilmungen, die Nina früher mit ihrer Großmutter im Fernsehen geschaut hatte. Sie trug ein Kostüm mit braunem Karomuster, ihre Beine steckten in beigen, blickdichten Damenstrümpfen und die Füße in dunklen Lacklederschuhen mit massiven, doch nicht zu hohen Absätzen. Sie hatte mit einem Monster gerechnet, doch nicht mit einer Frau, die wie eine etwas elegantere Version ihrer Oma aussah. Sie wagte es, den Blick weiter zu heben, über die schimmernde Perlenkette und den dürren Hals bis zum Gesicht der Seele. Es war das Gesicht einer älteren Dame, geschmackvoll geschminkt und eingerahmt von ordentlich frisierten silbergrauen Haaren.

Dann sah Nina die Augen, und ihre Anspannung gerann in ihrer Körpermitte zu einem Klumpen Angst, der sie schwer wie ein Felsbrocken zu Boden zog und dort unverrückbar verankerte.

Die Augen der Seele glichen weißen Billardkugeln, auf die man Pupillen und Iriden gemalt hatte – täuschend lebensecht, aber ohne jede Tiefe, nur dazu geeignet, dem Gegenüber das Gefühl zu geben, unter ständiger Beobachtung zu stehen, doch nie wirklich gesehen zu werden.

„Wo ist der Brief?"

Nina hatte das Kuvert in ihrer Hand beinahe vergessen. Sie streckte den Arm aus und hoffte, ihre verkrampften Finger öffnen zu können, um endlich das Schreiben zuzustellen und diesen Ort zu verlassen. Die Seele streckte ebenfalls einen langen Arm aus, und der rot lackierte Fingernagel ihres knochigen Zeigefingers kratzte an Ninas Handrücken. Obwohl die Berührung nur flüchtig gewesen war, spürte Nina einen scharfen Schmerz.

„Der ist ja viel zu klein. Den kann ich unmöglich lesen. Deine Augen sind so viel jünger, Kind; lies du ihn mir vor."

„Aber … das darf ich nicht. Ich meine, sind Sie sicher? Es stehen bestimmt private Dinge darin, und …"

„LIES IHN VOR!"

Nina duckte sich unwillkürlich. Jedes der Worte brannte in ihrem Kopf. Sie nestelte den Umschlag auf und entnahm ihm ein einzelnes Blatt Papier.

Hallo Mutter, begann der Text, der in einer weiblich anmutenden, ordentlichen Handschrift geschrieben war.

Gestern vor zehn Jahren bist du gestorben, und ich habe bis jetzt gebraucht, bis ich dir schreiben konnte.

„Sind Sie sicher, dass ich das lesen soll? Es klingt ziemlich persönlich und …" Nina brach ab. Die Augenbilder starrten sie an, kein Blinzeln, keine Bewegung verriet, dass ein Geist dahinter wohnte, und doch spürte Nina eine herrische Boshaftigkeit.

Dem stummen Befehl folgend fuhr sie fort:

Ich wollte dir nur sagen, dass du Unrecht hattest. Ich bin wieder an die Uni gegangen. Das war nicht leicht, und oft habe ich gedacht, dass ich es nicht schaffe. Ich war mehr als einmal kurz davor, alles hinzuschmeißen und wieder nach Hause zurückzukehren, so wie du immer gesagt hast, dass ich es tun würde. Aber das habe ich nicht. Du hattest Unrecht. Ich bin nicht so, wie du mir beigebracht hast. Ich dachte, das solltest du wissen, denn du liegst jetzt in der Erde und kannst dich nie mehr ändern, aber wenn noch etwas von dir irgendwo da draußen übrig ist, will ich, dass du weißt, dass ich es konnte. Ich habe dich keinen Tag lang vermisst.

Ninas Stimme war gegen Ende unwillkürlich lauter geworden, so als habe die Verfasserin des Briefes Besitz von ihr ergriffen und durch sie gesprochen. Etwas, das offenbar auch die Seele der Mutter empfunden hatte.

„WIE KANNST DU ES WAGEN?" Die Stimme klang verletzt auf eine Art, die selbst nur verletzen konnte; gekränkte Selbstgerechtigkeit, die mit Wut und Hass um sich schlug.

Nina wollte aufstehen, weglaufen, der Seele den Brief vor die Füße werfen und Reißaus nehmen, doch sie konnte nicht. Die Augen ließen es nicht zu. Wie eine luftdichte Glocke legte sich ihr Blick über sie und erstickte ihre Entschlossenheit, ihren Mut und ihre Hoffnung, bis nichts blieb als dumpfe Verzweiflung. Wie hatte sie auf die Idee kommen können, diesen Brief selbst zuzustellen? Warum hatte sie überhaupt diesen Job angenommen, den sie wohl kaum gebraucht hätte, hätte sie sich nicht in den Kopf gesetzt, studieren zu gehen? Warum nicht einfach einsehen, dass eine wie sie es niemals schaffen würde?

Unter dem Blick der Mutter wurde Nina immer kleiner und kleiner und hoffte, nur klein genug zu werden, um ihrem Urteil zu entkommen. Sie schloss die Augen.

***

Eine Stimme drang zu ihr in der Dunkelheit ihrer Verzweiflung. Sie erkannte ihren Klang, und hörte die Worte, doch sie konnte ihren Sinn nicht verstehen.

„... tätlicher Angriff während Ausübung einer Amtshandlung nach Paragraph 217 StGB." Der Tonfall der Stimme war schneidend und eindringlich, doch nicht voller unverhohlener Grausamkeit wie die der Mutter.

Nina schlug die Augen auf. Frau Ehrlich stand neben ihr, wie immer in das vorschriftsmäßige Dunkelblau ihrer Postuniform gekleidet, aufrecht und stolz wie eine hundertjährige Buche. Nina hatte sie noch nie auf diese Art sprechen gehört, voller Autorität und Selbstsicherheit.

„Das wird mit einer Freiheitsstrafe bis zu zwei Jahren geahndet!", fuhr sie fort. „Was das in der Hölle bedeutet, brauche ich wohl kaum zu erklären." Frau Ehrlich drohte nicht, sie erläuterte Fakten.

Nina wusste nicht, wie, aber das Zimmer, und alles darin, wurde plötzlich kleiner, und auch die Mutter schrumpfte auf ein menschliches Maß. Die grässlichen Augen schlossen sich, und Tränen, dick und rund wie in einem Trickfilm, rannen, begleitet von jämmerlichem Schluchzen, die Wangen der Seele hinunter.

„Komm, Nina, wir überlassen diese Person ihrem Selbstmitleid." Frau Ehrlich nahm den Brief aus Ninas

Händen und legte ihn auf den Wohnzimmertisch. An die Empfängerin des Schreibens gerichtet sagte sie: „Ich erlaube mir gewöhnlich keine Kommentare über die Korrespondenz unserer Kundschaft, aber Sie sollten in Ruhe über das nachdenken, was man Ihnen geschrieben hat. Genug Zeit dazu haben Sie ja."

Frau Ehrlich berührte sanft Ninas Oberarm, und sie verließen das Haus. Vor der Tür sagte sie: „Ich glaube, du brauchst einen Tee. Komm, wir haben einen Brief für Oma Toni."

***

Oma Toni war eine Seele wie die andere Frau, doch, wo deren Augen tot und schrecklich gewesen waren, schauten Antonias gütig und vielleicht ein wenig verschmitzt. Sie hatte einen Tee gekocht, von dem sie Nina eine Tasse eingeschenkt hatte, und las vergnügt den Brief, den ihr die Enkel wie jedes Jahr zu Weihnachten geschrieben hatten, seit sie vor vier Jahren gestorben war. „Paula schreibt, sie wünscht sich noch ein Brüderchen, denn eine Schwester hat sie ja schon", sagte Oma Toni und lachte. „Warst du ein Einzelkind, oder hattest du Geschwister?"

„Ich habe eine jüngere Schwester", antwortete Nina und nippte an ihrem Tee.

Frau Ehrlich trank wie immer nichts, sondern sah Nina streng, aber nicht unfreundlich an. „Was hast du dir bloß dabei gedacht?" In ihrer Stimme lag Sorge, kein Ärger. „Dieser Bezirk ist nicht sicher, und wenn die Seelen dort Post bekommen, dann ist sie selten nett."

„Ich weiß", gab Nina zerknirscht zurück. „Sie hatten bloß so viel zu tun, und ich wollte mich nützlich machen. Sie gehen doch auch dorthin."

„Ich weiß, Nina, und ich danke dir. Aber ich bin geübt darin, und mir können sie nichts anhaben."

„Wie soll ich es denn lernen, wenn nicht durch Übung?"

„Ach, irgendwann wirst du weiterziehen. Es ist doch auf Dauer nichts für dich, den Toten ihre Briefe zu überbringen."

Nina dachte, dass die Vorstellungen darüber, welche Berufe für eine junge Frau geeignet waren, sich seit Frau Ehrlichs Jugend gewaltig geändert hatten, und außerdem hatte sie noch keinen blassen Schimmer, was sie nach dem Studium mit ihrem Abschluss anfangen sollte.

„Sie machen den Job doch auch, und das, obwohl sie eigentlich schon im Ruhestand sind!"

„Das ist etwas anderes. Irgendjemand muss es ja tun. Ohne mich wäre die Abteilung vermutlich längst geschlossen, und was wäre dann?"

***

Die „Abteilung", die Frau Ehrlich meinte, befand sich im Keller der Postermittlungsstelle. Dorthin kamen alle Briefe, die nicht zugestellt werden konnten, und ihre Mitarbeiter waren befugt, die Umschläge zu öffnen, um die Empfänger zu ermitteln.

Was Nina aber am meisten faszinierte, war, wie viele Briefe und Postkarten überhaupt nicht mit der Absicht verschickt wurden, dass sie ankamen.

Nicht selten waren darunter Briefe an die Toten. Späte Anklagen waren es, aber auch Bitten um Vergebung, ein letzter Gruß oder ein regelmäßiges Gedenken, die von den Hinterbliebenen in einem symbolischen Akt dem Briefkasten übergeben wurden. Schließlich endeten diese Sendungen in der Briefermittlungsstelle, denn was sollte der

Postbote schon mit der Adresse *An Oma Toni, im Himmel* anfangen?

Nina hatte das Verstorbenenpostarchiv entdeckt, nachdem sie einige Wochen als studentische Hilfskraft in der Briefermittlungsstelle gearbeitet hatte. Sie transportierte Säcke oder gelbe Plastikboxen mit einem Wägelchen durch das Gebäude, und eines Tages führte ihr Weg sie dabei in den Keller, wo die Zeit stehen geblieben zu sein schien. Vorbei an den Toilettentüren, aus denen ein penetranter Hauch nach Klostein, Chlor und anderen Dingen wehte, durch Korridore und Treppenhäuser, ließ sie die Gegenwart immer weiter hinter sich und stieg mit jeder Etage, jedem Kellergeschoss tiefer in die Vergangenheit, in die Blütezeit der deutschen Beamtenrepublik, als die Post noch Staatsangelegenheit und auf jedem Dorf mit einem Amt vertreten war und nicht nur eine „Filiale" im Supermarkt. Diese Zeit lebte hier fort, im abgewetzten grauen Linoleumbelag auf den Böden, den verstaubten Büromöbeln in undefinierbaren Grün- und Brauntönen und vergilbten Plakaten an den Wänden, die ermunterten, doch mal wieder zu schreiben; dabei ermahnten, nächstes Mal nicht den Absender zu vergessen und überall wachsam Ausschau nach Terroristen zu halten. Die meisten von denen hatten ihre Gefängnisstrafen schon lange abgesessen, und Nina amüsierte sich nur noch über ihre schrecklichen Frisuren und verkniffenen Mienen auf den Fahndungsfotos der einstigen Stadtguerilla.

Ganz am Ende eines Korridors, in dem nie jemand die flackernden Neonröhren zu wechseln schien, lag eine Tür mit der Aufschrift: *Zi. 2.09 VERSTORBENENPOSTARCHIV, Frau A. Ehrlich, Post-Oberinspektorin a. D.*

Irgendein Witzbold hatte mit dickem schwarzem Markerstift daruntergeschrieben: *Willkommen in der Gruft!*

Später, im Pausenraum, hatte Nina gefragt, was es damit auf sich habe? Sie hatte einen Scherz vermutet, doch die Kollegen hatten nur ausweichend geantwortet und das Thema gewechselt.

Diese Geheimniskrämerei um das Archiv im Keller hatte Ninas Neugierde geweckt, und eines Tages – sie erinnerte sich nicht mehr, wann genau oder was der Anlass gewesen war – hatte sie in Frau Ehrlichs Büro gestanden. Die Herrin des Verstorbenenpostarchivs war an einem grau emaillierten Aktenschrank zugange gewesen. Ihre schlanken Finger sprangen über die beigefarbenen Trennblätter und legten dabei eine Effizienz und Geschwindigkeit an den Tag, wie sie sich besser kaum auf der Festplatte eines Computers erreichen ließen.

Frau Ehrlich hatte einen dunkelblauen Rock und einen passenden Blazer getragen, was Nina an eine Uniform erinnerte, und mit ihren grauen hochgesteckten Haaren und der Lesebrille, die an einem Kettchen um ihren dürren, faltigen Hals hing, sah sie ebenso aus der Zeit gefallen aus wie ihr kleines Reich im Keller.

Nina musste ein Geräusch gemacht haben, denn Frau Ehrlich hatte aufgeblickt und sie nach einem Moment der Überraschung freundlich angelächelt. „Kann ich dir helfen?“

„Was machen Sie hier unten eigentlich?”, hatte Nina gefragt, und Frau Ehrlich hatte es ihr erklärt. Die Sache mit den Briefen an die Toten, die gelesen werden mussten, um die Empfänger zu ermitteln und sie schließlich zuzustellen.

Nina war fasziniert gewesen, und von da an hatte sie für Frau Ehrlich und das Verstorbenenpostarchiv gearbeitet, und niemanden hatte es gestört.

„Wir haben hier unten Narrenfreiheit", hatte die Postoberinspektorin a. D. ihr erklärt. „Die wenigsten verstehen, was wir hier tun."

Eine Wand ihres Büros war trotz der beengten Verhältnisse frei von Schränken und Regalen. Dort befand sich nur eine Tür, die auf Nina schrecklich und einladend zugleich gewirkt hatte. Wann immer der Trolley mit der gelben Posttasche darauf mit Postsendungen beladen war, trat Frau Ehrlich damit durch diese Tür, und wenn sie Stunden später zurückkam, war die Tasche leer.

Irgendwann hatte Nina sie dabei begleitet, hatte gelernt, dass sich hinter dieser Tür das Nichts befand – und gleichzeitig eine ganze Welt. Eine Welt, die Frau Ehrlich in Straßen und Postleitzahlenbezirke unterteilt hatte.

Sie lehrte Nina die Topographie des Totenreichs, und ihr fiel die Orientierung darin erstaunlich leicht. Viel leichter jedenfalls als in den verwirrenden Korridoren und Seminarräumen der Uni. Es erfüllte sie mit Freude, Menschen den Wunsch zu erfüllen, ihren Angehörigen einen letzten Gruß zu schicken.

„Ich hatte noch nie eine Gehilfin", hatte Frau Ehrlich gesagt. „Du machst das gut."

„Ich bin eben ein Naturtalent", hatte Nina erwidert, und Frau Ehrlich hatte gelächelt.

***

War es Selbstüberschätzung oder Neugierde gewesen, die sie dazu gebracht hatte, den Brief zu nehmen, der im Ausgangskörbchen für einen der Bezirke lag, in die Frau Ehrlich immer nur allein ging? Nina hatte bemerkt, dass sie nicht erpicht darauf gewesen war, diesen Brief zuzustellen. Die Vorweihnachtszeit war die einzige Saison, in der auch die Arbeit im Verstorbenenpostarchiv anstrengend wurde. Nina hatte sich nützlich machen wollen, und als Frau Ehrlich irgendwo im Gebäude unterwegs gewesen war, hatte sie den Brief genommen, um ihn selbst zu überbringen. Sie hatte sich damit in große Schwierigkeiten gebracht.

„Es tut mir leid, Frau Ehrlich."

Sie waren wieder zurück in ihrem Büro im Keller, und Nina konnte sehen, wie abgespannt ihre Chefin aussah. Sie wusste, dass die ältere Frau bereits offiziell im Ruhestand war, aber sie konnte nicht einschätzen, wie alt sie eigentlich war.

„Ach, red keinen Unsinn. Mir tut es leid. Ich hätte den Brief gleich mitnehmen sollen, statt ihn hier liegen zu lassen. Schwamm drüber! Wir sollten so langsam Schluss machen für heute."

„Ist es schon so spät? Ich bin noch gar nicht müde." Seit sie im Keller arbeitete, war Ninas Zeitgefühl abhandengekommen. Vermutlich war es schon spät und sie sollte nach Hause gehen. Musste sie noch etwas einkaufen? Sie hatte vergessen, sich einen Einkaufszettel zu schreiben, und, wie sie jetzt feststellte, auch ihren Rucksack. Besonderen Hunger verspürte sie nicht. Wahrscheinlich würde sie sich später einfach etwas bestellen oder sich in der Küche ihrer WG auf die Suche nach einem Rest Brot und etwas Käse machen.

Der Tag hatte ihr ziemlich zugesetzt. Müde oder nicht, sie sollte wohl besser schlafen gehen. Trotzdem hatte sie das Bedürfnis, etwas gutzumachen.

„Ich schau' nur noch schnell nach, ob schon was für morgen da ist. Vielleicht sind es nur einfache Sachen, die ich allein übernehmen kann. Dann könnten Sie morgen ein bisschen später zur Arbeit kommen", sagte Nina.

***

Frau Ehrlich hatte erst zugestimmt, nachdem Nina ihr versprochen hatte, wirklich nur die ungefährlichen Zustellungen zu übernehmen, doch ihr war anzusehen, dass sie insgeheim erleichtert über den Vorschlag war.

Nina machte sich auf den Weg in die oberen Stockwerke der Postermittlungsstelle. Das Eingangskörbchen stand auf einem Regal gleich neben dem altmodischen Kaffeeautomaten. Es war tatsächlich Post darin, zwei Briefe und eine Weihnachtskarte. Der Geruch nach Instantkaffee hing in der Luft, und die Maschine brummte und gurgelte.

Nina hörte noch die Schritte der sich entfernenden Kollegen und schnappte einen Fetzen ihrer Unterhaltung auf.

„Hatten wir nicht letztes Jahr eine Studentin, die in der Gruft ausgeholfen hat? Oder ist das schon wieder zwei Jahre her?"

Hattet? Habt ihr, ihr Idioten. Nina sammelte die Sendungen ein. Wer in der „Gruft" arbeitete, musste nach der Meinung der Leute hier oben ein bisschen bescheuert sein. Niemand hatte mit Nina auch nur ein Wort gewechselt, seit sie für Frau Ehrlich arbeitete, und im Keller ließ sich nur der Hausmeister blicken.

War es wirklich Zeit, weiterzuziehen? Zwei Jahre, wow. Vermutlich sollte sie sich endlich um ihren Bachelor kümmern, doch beim Gedanken daran, fühlte sich das alles so weit weg an. Wer brauchte denn noch eine Literaturwissenschaftlerin? Ihre Familie hatte nie verstanden, was sie damit einmal anfangen wollte. Ihre Arbeit hier fühlte sich dagegen wichtig an.

Frau Ehrlich blickte erschrocken auf, als Nina wieder vor ihr stand. Sie hatte ihre Schuhe ausgezogen und massierte sich die Waden.

„Sie sollten wirklich etwas kürzertreten." Nina gab ihr die Briefe.

Frau Ehrlich nahm sie und öffnete sie vorsichtig an der Seite mit einem Skalpell.

„Sucht man eigentlich nach einer Nachfolgerin für Sie? Nicht dass ich denke, dass Sie schon zum alten Eisen gehören", beeilte sie sich hinzuzufügen. „Aber ich habe mir gedacht, dass ich vielleicht, ich weiß nicht, eine Ausbildung bei Ihnen machen könnte oder so ..." Nina unterbrach sich.

Frau Ehrlich sah sie nur an. Eine Träne lief durch eine Falte ihrer Wange hinunter bis zu ihrem spitzen Kinn und tropfte auf den Bogen Papier, den sie in der Hand hielt. Die Briefe, die sie lesen mussten, um die Empfänger zu ermitteln, waren häufig traurig, doch Nina hatte Frau Ehrlich noch nie dabei weinen sehen. Man müsse Distanz bewahren, hatte sie immer wieder betont.

„Was haben Sie?"

Frau Ehrlich versuchte etwas zu sagen, doch ihre Stimme versagte. Wortlos überreichte sie Nina den Bogen Papier, der in einer kindlichen Handschrift mit bunter Tinte beschrieben war. Bevor Ninas Verstand die Schrift erkannte, legte sich eine Ahnung wie Raureif über ihre Seele, und sie wunderte sich, dass ihre Finger, die den Brief hielten, sich nicht mit weißen Eiskristallen bedeckten. Die Handschrift war die ihrer kleinen Schwester.

„Er ist für mich, nicht wahr?"

Edgar Allan Poe

Kaum ein anderer Autor passt so perfekt zum *Totenschein* wie der 1849 verstorbene Edgar Allan Poe. Immerhin gilt er nicht nur als prägend für die Schauerliteratur, sondern auch für die Gattung der Kurzgeschichte. Bis heute ist er einer der großen Namen der Genreliteratur, seine Werke hatten nicht nur Einfluss auf das Schreiben von Baudelaire, Verne, Lovecraft oder King, sondern werden noch immer in Romanen, Bildern, Musik und Filmen rezipiert.

Seinen Einstieg in die Totenschein-Welt hat der US-Amerikaner jedoch auch den äußeren Umständen zu verdanken, fand Tanja doch seine Geschichte *Die Maske des Roten Todes* mehr als passend für eine der wenigen Lesungen während der Pandemie.

Poe ist übrigens der einzige Fremdautor, von dem es zwei Texte in den Totenschein-Kanon geschafft haben. Für den Sammelband haben die Autoren sich für *Morella* entschieden, eine Geschichte, die eng mit Poes eigener Biografie verknüpft ist und durch ihre verschiedenen Deutungsebenen immer wieder fasziniert.

Morella

Αυτο καθ' αυτο μεθ' αυτου, μονο ειδες αιει ον.
Plato, Symposion

Ein Gefühl tiefer, jedoch höchst seltsamer Zuneigung verband mich meiner Freundin Morella. Ein Zufall war's, der mich vor vielen Jahren mit ihr zusammenführte, aber seit unserer ersten Begegnung brannte meine Seele in fremder, entfesselter Glut. Das war nicht die Flamme des Eros, das war ein seltsam wilder Seelenbrand, und bitter und qualvoll war meinem Geist die wachsende Überzeugung, daß ich das rätselhafte Wesen dieser Gluten auf keine Weise zu ergründen noch ihr Aufflammen und Niedersinken zu beherrschen vermochte.

Und das Schicksal, das uns zueinander geführt hatte, band uns am Altar zusammen. Doch sprach ich nie ein Wort, das Leidenschaft gewesen wäre, dachte nie einen

Gedanken, der Liebe bedeutet hätte. Morella aber floh jede Geselligkeit und schloß sich innig an mich an und machte mich glücklich – denn Staunen und Träumen ist Glück.

Morellas Gelehrsamkeit war unergründlich. Bei meinem Leben! ihre vielseitige Begabung war geradezu übernatürlich – ihre Verstandeskräfte waren gigantisch! Ich wußte das und wurde in vielen Dingen ihr Schüler. Es begann damit, daß sie mir eine Anzahl jener mystischen Schriften vorlegte, die man gemeiniglich nur als den Abschaum der frühen deutschen Literatur ansieht. Das Studium dieser Werke – aus mir unverständlichen Gründen – bildete ihre liebste und andauerndste Beschäftigung, und daß es auch die meine wurde, ist einfach dem unwiderstehlichen Einfluß von Beispiel und Gewohnheit zuzuschreiben.

Mit alledem hatte, wenn ich nicht irre, mein Verstand wenig zu schaffen. Soviel ich weiß, stimmte meine Weltanschauung durchaus nicht mit den Idealen dieser Leute überein, und auch in meinem Tun und Denken war keine Spur von ihrem Mystizismus zu entdecken. Ich wenigstens hatte diese Überzeugung und überließ mich daher ruhig und blindlings der Führung meiner Frau, der ich unerschrocken in allen ihren Studien folgte. Und dann – dann, wenn ich, über geächtete, verderbliche Blätter gebeugt, fühlte, wie ein verderblicher Geist sein Feuer in mir entzündete, kam Morella und legte ihre kalte Hand auf meine heiße Hand und entfachte aus der Asche einer toten Philosophie irgendwelche fast bedeutungslosen, doch eigentümlichen Worte, deren seltsamer Sinn sich flammend in mein Gedächtnis grub. Und dann – dann ging ich Stunde um Stunde nicht von ihrer Seite und berauschte mich am Wohlklang ihrer Stimme, bis diese mir zum Überdruß und schließlich zum Entsetzen wurde und schwarze Schatten sich auf meine Seele lagerten und bis ich erbleichte und tief im Innern vor den fast überirdischen Lauten schauderte. Und so wurden plötzlich Glück und Freude zu Entsetzen und namenlosem Abscheu, und Schönheit weckte Grauen, so wie einst aus dem Tale Hinnom das Gehenna geworden war.

Es ist unnötig, über die einzelnen Probleme, die jene alten Bücher in uns anregten und die lange, lange Zeit fast das einzige Thema unserer Gespräche bildeten, viel zu sagen. Alle die, die etwas von „theologischer Moral“ verstehen, kennen diese Fragen sehr gut, und jene, die darin unerfahren sind, würden mich sicherlich kaum verstehen. Der wilde Pantheismus Fichtes, die gemäßigtere Lehre der Pythagoräer von der Wiederkunft und vor allem die Identitätsdoktrinen, wie Schelling sie aufstellte, bildeten den hauptsächlichsten Stoff für unsere Diskussionen und schienen die phantasievolle Morella am tiefsten und schönsten anzuregen. Jene sogenannte persönliche Identität definiert Locke, wie ich glaube, als das dauernde Bestehen eines jeden vernunftbegabten

Daseins. Und da wir unter „Person" ein intelligenz- und vernunftbegabtes Wesen verstehen und da alles Denken stets von Bewußtsein begleitet ist, so formt dieses beides gemeinsam unser „Ich" und unterscheidet uns durch Verleihung unserer „persönlichen Identität" von anderen denkenden Wesen. Doch das „principium individuationis", der Begriff dieser Identität, die mit dem Tode verloren oder nicht verloren geht, war mir stets ein Problem von außerordentlicher Bedeutung, nicht allein wegen seiner verwirrenden und aufregenden Konsequenzen, sondern auch wegen der sonderbaren und eifrigen Art und Weise, in der Morella es behandelte.

Doch die Zeit war gekommen, in der das Geheimnisvolle im Wesen meines Weibes mich wie ein Alp, ein Zauber bedrückte. Ich konnte die Berührung ihrer bleichen Finger nicht ertragen, ich konnte den sanften Klang ihrer tönenden Sprache, den Glanz ihrer melancholischen Augen nicht ertragen. Und sie wußte all dies und hielt es mir doch niemals vor. Sie schien meine Schwäche, meine Manie zu kennen und nannte es lächelnd „Schicksal". Selbst die mir unbekannte Ursache für meine sich steigernde Abneigung schien sie zu kennen, doch machte sie nie eine Andeutung, die mir auf die Spur geholfen hätte. Aber sie war Weib und härmte sich und schwand hin und welkte von Tag zu Tag. Mit der Zeit erschien und blieb auf ihren Wangen eine bedeutungsvolle Röte, und die blauen Adern auf ihrer bleichen hohen Stirn schwollen an. Und wenn mein Wesen für einen Augenblick in Mitleid schmolz, so traf mich im nächsten das Aufleuchten ihrer bedeutsamen Augen – und meine Seele entsetzte sich und wurde von einem Schwindel ergriffen, wie er uns befällt, wenn wir hinab in einen grausig düsteren, unergründlichen Abgrund spähen.

Muß ich noch sagen, daß ich mit tiefem, aufreibendem Verlangen die Stunde von Morellas Ableben herbeiwünschte? Ich tat es. Aber der schwache Geist klammerte sich noch Tage, Wochen, Monate an seine zerbrechliche Hülle; und es kam so weit, daß meine gemarterten Nerven Herrschaft über mich gewannen. Dies Hinzögern machte mich rasend, und mein teuflisches Herz verfluchte die Tage und die Stunden und die bitteren Minuten, die länger und länger zu werden schienen, je mehr ihr zartes Leben dahinschmolz, wie Schatten länger und länger werden im sterbenden Tag.

Aber eines Herbstabends, als alle Winde im Himmelsraum schliefen, rief mich Morella an ihr Bett. Ein trüber Nebel lagerte über der Erde und ein warmer Glanz auf den Wassern, und die Farben des herbstlichen Waldes glühten so bunt, als sei ein Regenbogen vom Firmament herabgefallen und in Millionen bunte Scherben zersplittert.

„Dies ist der Tag der Tage“, sagte sie, als ich zu ihr trat. „Der Tag der Tage – sei es zum Leben oder Ster-

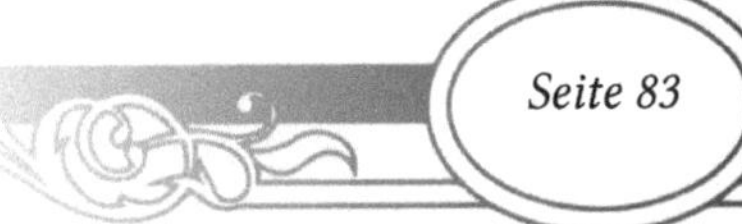

ben. Ein schöner Tag für die Söhne der Erde und des Lebens – ah, schöner noch für die Töchter des Himmels und des Todes!“

Ich küßte sie auf die Stirn, und sie fuhr fort:

„Ich sterbe, dennoch werde ich leben!“

„Morella!“

„Die Tage, da du mich lieben konntest, sind nie gekommen – doch sie, die du im Leben verabscheutest – im Tode sollst du sie anbeten.“

„Morella!“

„Ich wiederhole es: – ich sterbe. Doch in mir lebt ein Unterpfand der Neigung, die du – ach wie gering! – für mich, Morella, fühltest. Und wenn mein Geist entflieht, wird das Kind leben – dein Kind und meines, Morellas! Doch deine Tage werden Tage der Sorge sein – der Sorge, die beständiger ist als alles andere, gleichwie die Zypresse ausdauernder ist als alle anderen Bäume. Denn die Stunden deines Glückes sind vorüber, und Freude erblüht nicht zweimal im Leben, nicht zweimal, wie die Rosen von Paestum zweimal blühen im Jahre. Rebe und Myrte werden dir unbekannt sein, und du wirst, gleich den Moslemin in Mekka, auf Erden schon dein Leichentuch mit dir herumtragen.“

„Morella!“ schrie ich auf, „Morella! Wie kannst du das wissen?“

Aber sie wendete das Gesicht ab, und ein leises Zittern überlief ihre Glieder. Sie starb, und ihre herrliche, ihre entsetzliche Stimme war tot.

Doch wie sie es vorausgesagt hatte, geschah es. Ihr Kind, das sie sterbend geboren hatte und das den ersten Atemzug tat, als seine Mutter den letzten tat, dies Kind, ein Mädchen, lebte. Und es entwickelte sich geistig und körperlich außerordentlich schnell, war das vollkommene Ebenbild von ihr, die jetzt dahingeschieden war, und ich liebte es mit einer Liebe, deren Glut und Innigkeit mir oft wie eine Kraft aus einer anderen Welt erschien.

Doch nicht lange, da verdunkelte sich der Himmel dieser reinen Zuneigung, denn Grausen und Kummer jagten wie ungeheure verderbenbringende Wolken darüber hin. Ich sagte schon, das Kind entwickelte sich außerordentlich früh an Körper und Geist. Und in der Tat, sein schnelles leibliches Wachstum war geradezu befremdend. Aber schrecklich, o schrecklich waren die tobenden Gedanken, die mich überstürzten, wenn ich des Kindes geistiger Entwicklung folgte. Wie konnte es anders sein? Entdeckte ich doch täglich in den Vorstellungen der kindlichen Seele die abnorme Begabung und das ausgereifte Wissen des Weibes, vernahm aus dem kindlichen Munde die genialsten Erfahrungssätze, die Menschen jemals aufgestellt haben, und sah im Auge des Kindes die Weisheit und Leidenschaftlichkeit vollkommener Reife glühen.

Als alle diese Erscheinungen meinen erschreckten Sinnen offenbar wurden, als meine Seele sie in sich aufgenommen hatte – war es da zu verwundern, daß ein entsetzlicher Argwohn mich befiel in der quälenden Erinnerung an die grausigen Phantasien und unerhörten Theorien der verstorbenen Morella?

Und ich verbarg dies junge Wesen, das ich anbetete, vor den Blicken und Einflüssen der Welt, und in der vollständigen Abgeschlossenheit meines Heims wachte ich mit aufreibender Sorge über alles, was dieses geliebte Wesen betraf.

Und wie die Jahre dahinflossen und ich Tag um Tag in ihr heiliges und mildes und beredtes Antlitz spähte und Tag um Tag ihr Wachsen und Reifen bemerkte, geschah es, daß ich Tag um Tag neue Dinge fand, in denen die Tochter vollständig ihrer Mutter – der schwermütigen und toten – glich. Und stündlich verdichteten sich diese Schatten einer unnatürlichen Ähnlichkeit und wurden immer tiefer und immer bestimmter und immer beängstigender – und immer grauenvoller anzusehen. Daß ihr Lächeln dem Lächeln ihrer Mutter vollkommen glich, das hätte ich ertragen können; aber dann, plötzlich, schauderte ich, denn ihr Lächeln war nicht nur dem Morellas gleich – es war mit ihm identisch! Daß ihre Augen den Augen Morellas glichen, konnte ich hinnehmen, aber manchmal, oft, drang der Tochter Blick in die Tiefen meiner Seele mit einer verwirrenden Eindringlichkeit, wie sie eben nur Morella eigen sein konnte. Und in den Umrissen der hohen Stirn und in den seidigen Locken ihres Haares, in den bleichen Fingern, die mit diesen Locken spielten, und in der klagenden Musik ihrer Stimme und vor allem – o! vor allem in den Redewendungen der Toten, die von den Lippen der Lebenden und Geliebten flossen, fand ich Nahrung für die aufreibendste Gedankenarbeit und für das rastloseste Entsetzen – für den Wurm, der niemals sterben wollte!

So vergingen die ersten zehn Jahre ihres Lebens, und noch immer hatte meine Tochter keinen Taufnamen. „Mein Kind“ und „mein Liebling“ sind ja übliche Benennungen, wie Vaterliebe sie findet, und die strenge Abgeschlossenheit, in der sie lebte, schloß jeden weiteren Verkehr aus und machte daher einen anderen Namen überflüssig. Morellas Name war mit ihr gestorben. Ich hatte der Tochter niemals von der Mutter gesprochen; es war unmöglich, von ihr zu sprechen. Tatsächlich hatte also das Kind in seinem jungen Leben keine anderen Eindrücke empfangen als diejenigen, die sich ihm in den engen Grenzen unserer Zurückgezogenheit bieten konnten.

Doch schließlich vermeinte mein abgehetzter Geist durch die Zeremonie der Taufe Erlösung zu finden. So führte ich also das Kind zur Taufe. Und als ich vor dem Taufbecken stand, suchte ich nach einem Namen. Viele Namen voll Weisheit und Schönheit, aus alter und neuer Zeit, aus meiner Heimat und aus fremden Ländern, drängten sich mir auf die Lippen, und viele, viele Namen für Sanftes und Frohes und Gutes. Was trieb mich nur dazu an, die Ruhe der Toten und Begrabenen zu stören? Welcher Dämon veranlaßte mich, jenen Namen zu flüstern, bei dessen Erinnerung schon das Blut mir stürmend zum Herzen schoß? Welcher Unhold sprach aus den Tiefen meiner Seele, als ich in schweigender Nacht mitten im düsteren Kreuzgang in das Ohr des heiligen Mannes die Silben flüsterte: „Morella!" Und wer anders als Satan selbst veranlaßte mein Kind, bei diesem kaum vernehmbaren Laut zusammenzuschrecken, die verglasten Blicke gen Himmel zu heben und mit zuckendem Gesicht, auf dem die Schatten des Todes kämpften, auf die schwarze Marmorplatte unserer Familiengruft niederzusinken und zu antworten: „Hier bin ich!"

Klar, kalt und vollkommen deutlich trafen diese einfachen Worte mein Ohr und rollten von da wie geschmolzenes Blei zischend in mein Gehirn. Jahr um Jahr kann dahingehen, doch niemals die Erinnerung an diesen Augenblick! Wahrlich, noch wußte ich nichts von Blumen und Reben – doch Zypresse und Schierling umdrohten mich Tag und Nacht. Und ich wußte nichts mehr vom Wandel der Zeit, und der Stern meines Schicksals losch aus am Firmament, und die Erde verlor ihr Licht, und die Gestalten, die sie belebten, glitten an mir vorbei wie Schatten, und mitten unter ihnen sah ich nur – Morella! Die himmlischen Winde atmeten nur einen Laut, und die rieselnden Wellen der ewigen Wasser murmelten immerfort – Morella! Aber sie starb; und mit meinen eigenen Händen trug ich sie zu Grab. Und

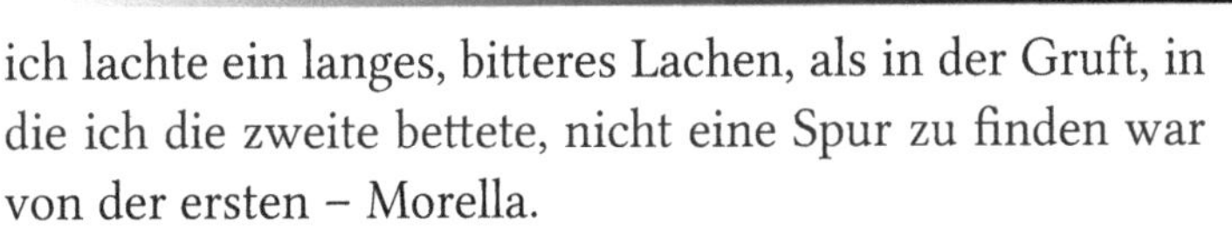

ich lachte ein langes, bitteres Lachen, als in der Gruft, in die ich die zweite bettete, nicht eine Spur zu finden war von der ersten – Morella.

Unheimliche Orte
Ausgabe 3, Juli 2022

Manchen Orten wohnt ein Zauber inne – und dass dies nicht unbedingt etwas Gutes ist, zeigen die Geschichten der dritten Ausgabe. Carstens Geschichte beschäftigt sich mit der Sehnsucht nach einem Ort, der sich unerkannt von Unwissenden ganz dicht am Rand der Realität verbirgt.

Tanjas Story greift eine nordsaarländische Sage auf und geht ihrer im *Nachtschreck* entdeckten Passion für historische Elemente nach. Sie möchte an dieser Stelle eine Content Note im Bereich sexuelle Gewalt aussprechen.

Stellmachers Traumweh

Von Carsten Schmitt

Lange kannte Harald Stellmachers Gedächtnis keinen Unterschied zwischen vergangenem Geschehen und dem, was ihm lediglich in Träumen widerfahren war. Der Anblick einer Szenerie, die Melodie eines Lieds oder ein Geruch ließen vor seinem inneren Auge lange vergessene nächtliche Fantasien ebenso auferstehen wie tatsächlich Erlebtes, und bisweilen war die Erinnerung so lebendig, dass er nicht in der Lage war, das eine vom anderen zu unterscheiden.

Doch Harald hatte seit vielen Jahren nicht mehr so geträumt, war allenfalls mit den Nachbildern nächtlichen synaptischen Wetterleuchtens ohne Bedeutung erwacht, die sich bald im Licht des Tages auflösten, ohne Spuren zu hinterlassen. Er sehnte sich nach einer Zeit, in der das anders gewesen war.

Damals, als er seinen Onkel Rudolf Stellmacher noch oft besucht hatte, war es so gewesen, und jetzt, da er das Haus seines Onkels nach vielen Jahren wieder betrat, weckte es diese Erinnerungen. Jedes Zimmer, jeder Flur, jeder Einrichtungsgegenstand sandte Harald zurück in eine Kindheit, die es in gleichem Maße gegeben hatte und unmöglich gegeben haben konnte. Zu sehen, wie all das unter den Blicken seiner Geschwister und Cousins begutachtet, geschätzt und aufgeteilt wurde, um verschachert, verkauft oder vernichtet zu werden, bereitete ihm körperliches Unbehagen.

„Meinst du, Papa mag die Karaffe haben?"

„*Ich* will das hässliche Ding jedenfalls nicht."

„Den Spiegel über der Anrichte hat er mir versprochen."

„Und wann soll das gewesen sein? Du hast ihn doch jahrelang nicht gesehen."

„Mag jemand was trinken? Ist vielleicht noch Bier im Keller?"

„Ich geh' nachsehen." Harald war so schnell aufgestanden, dass sein Stuhl umgekippt war. Die anderen sahen ihn an, als bemerkten sie ihn zum ersten Mal.

„Schau doch, ob auch noch eine Flasche Wein da ist. Ein weißer, wenn's geht, und sieh nach, wie alt er ist; nicht dass der schon gekippt ist."

„Bringst du auch Mineralwasser mit?"

Harald nickte und stieg hinab in den Keller.

***

Als Kind war er fasziniert gewesen von diesem Untergeschoss, das einem so ganz anderen Grundriss zu folgen schien als das darüber liegende Haus. Die Deckenleuchten hingen wie verstaubte Buddelschiffe in Drahtkäfigen an der Decke, und ihr Licht reichte nie in jeden Winkel. Es war immer nur gerade hell genug, um die Schatten zwischen die Regale zurückzudrängen. Geheimnisvoll und ein wenig bedrohlich waren ihm die unterirdischen Räume erschienen, auf eine Art, die ihn im gleichen Maße angezogen und geängstigt hatte.

Hierunter war noch keiner der anderen vorgedrungen, und ihre Stimmen waren verstummt, als er die Kellertür hinter sich zugezogen hatte. Dort droben würden sie nicht auf seine Rückkehr warten, sondern weiter Onkel Rudolfs Besitz unter sich aufteilen wie eine Busladung Pauschalurlauber ein All-Inclusive-Buffet, und wenn nur noch die ungeliebten Reste übrig waren, würde ein Dessert von gegenseitigen Anschuldigungen und kleinlichen Abrechnungen vergangener Kränkungen aufgetischt.

Ein paar Minuten lang würde er hier sicher sein. Zeit genug, die vergangenheitsgeschwängerte Luft zu atmen und sich umzusehen. Die weiß gekalkten Wände, aus deren Mauerwerk die Salpeterblumen blühten, und der Geruch nach Feuchtigkeit und Heizöl waren ihm nach all der Zeit noch vertraut. Dennoch hatte er das Gefühl, dass etwas nicht richtig sei, dass etwas fehlte an diesem Ort, der eine vage Erinnerung an etwas auslöste, das mehr Gefühl war als Bild.

Dann sah er den Leuchter aus Messing. Auf einem Regal zwischen Einmachgläsern und Konservendosen stand er, kaum mehr als ein Kerzenhalter mit einem runden Tropfschutz und einer Öse für den Finger. Eine zur Hälfte abgebrannte Kerze steckte darin, und daneben lag eine Streichholzschachtel. Er nahm den winzigen Karton und schüttelte ihn neben seinem Ohr. Er hörte das Klappern eines einzigen Streichholzes.

Genauso hatte sein Onkel es immer getan, und er hatte gelächelt, als er das brennende Streichholz schließlich an den Docht gehalten hatte. Harald war sich sicher, dass es sein Onkel gewesen sein musste, der als Letzter den Leuchter genommen, die Kerze entzündet und wieder gelöscht hatte.

Die Vorstellung hatte etwas Tröstliches.

Er lauschte, doch von oben hörte er keinen Laut. Es konnten nicht mehr als zwei oder drei Minuten vergangen sein. Man würde ihn noch nicht vermissen. Er streckte die

Hand nach dem schwarzen Bakelitschalter aus und drehte den Knopf. Mit einem satten Klacken erlosch das Licht.

Die Dunkelheit war absolut, doch er spürte, dass sich etwas darin verbarg, das im Licht der elektrischen Lampen nicht zu sehen war. Es brachte etwas in Harald zum Schwingen, weckte einen atavistischen Sinn, einen urzeitlichen Warnmechanismus, der ihm sagte, dass etwas hier nicht so war, wie es sein sollte. Mit tastenden Fingern schob Harald das Schächtelchen auf und entnahm das Streichholz. Schwefelgeruch stach ihm in die Nase, und kurz darauf zauberte das Licht der Kerze einen goldenen Schirm zwischen ihn und die Dunkelheit.

Der Keller war unverändert, doch im Licht der winzigen Flamme hatte er eine traumhafte Qualität angenommen, die Harald genauso schon einmal vor vielen Jahren gesehen hatte und die den Raum gleichzeitig echter, wirklicher, *richtiger* machte.

In der Ecke zwischen dem Öltank und der Wand waren die Schatten tiefer geworden. Ein kalter Luftzug strich von dort heraus und ließ ihn frösteln. Er erinnerte sich daran, woher dieser Luftzug kam, wusste mit der gleichen Sicherheit, mit der er seinen Namen und die Adresse kannte, dass sich dort ein Durchgang in der Wand befand, dessen Existenz er bis eben noch als unmöglich abgetan hätte.

Den Leuchter in der Hand machte er einen Schritt auf jene Ecke zu, dann zwei, drei, bis sich tatsächlich im Licht der Kerze der schwarze Umriss einer Öffnung vom schmutzigen Kalkweiß der Mauer abhob. Mit beinahe wissenschaftlich distanzierter Neugierde fragte er sich, ob er eine psychotische Episode durchlitt, weil sein Verstand widerstandslos die Existenz dieses Durchgangs akzeptierte, den es nicht geben konnte und bis eben auch nicht gegeben hatte.

Die Flamme flackerte und tanzte im Luftzug, und er hob schützend die Hand davor, denn in seinem Kopf hörte er die Stimme seines Onkels, die ihn ermahnte, das Licht niemals ausgehen zu lassen. Da wusste er, dass er diesen schwarzen Gang nicht nur schon einmal gesehen, sondern bereits durchschritten hatte. Die Erinnerung daran erfüllte ihn zu gleichen Teilen mit Schrecken wie mit Sehnsucht und lähmte ihn im Widerstreit dieser Gefühle, und zog ihn an, rührte an seinem Herzen, obwohl sein Verstand bereits lange vergessen zu haben glaubte.

Ein Geräusch schreckte ihn auf. Es gehörte nicht hierher, gehörte zur Welt des elektrischen Lichts, der Leute dort oben, mit denen Onkel Rudolf niemals sein Geheimnis geteilt hatte. Es war die Kellertür gewesen, jemand war auf dem Weg zu ihm, würde ihn hier im Dunkeln finden und von der Kerze erfahren und was ihr Licht enthüllte. Die Vorstellung erfüllte ihn mit Abscheu.

Er trat in den Gang.

***

Er konnte nicht mehr als ein, zwei Dutzend Schritte getan haben, bevor er sich erstmals umblickte. Die Umrisse des Durchgangs waren kaum mehr zu erkennen. Der Boden war mit einer Schicht feinen grauen Staubs bedeckt, der sich trotz des ständigen Luftzugs nicht bewegte. Er erkannte Fußabdrücke darin, deren verwischte Umrisse den schlurfenden Gang seines Onkels in dessen letzten Jahren verrieten. Sonst gab es nichts außer dem Licht der Kerze, das um ihn herum einen Kreis auf den Boden zeichnete, jenseits dessen sich der Schein in vollkommener Schwärze verlor. War der Pfad erst in dem Moment entstanden, als das Licht ihn enthüllte? Würde er sich hinter ihm auflösen, sobald er weitergegangen war? Aus welch dunklem Archiv der Nacht kamen die Spuren, die sein Onkel hinterlassen hatte?

Harald war kein mutiger Mann, und das schwarze Nicht-Sein erfüllte ihn mit Grauen. Doch die schmerzhafte Sehnsucht lockte ihn hin zu einem Ort, der am Ende des Weges lag, jenseits der drückenden Dunkelheit. So setzte er einen Fuß vor den anderen, und schließlich zog sich eine weitere Spur durch den Staub, die seine erst zögerlichen, bald entschlossenen Schritte bezeugte.

Es gab nichts mehr außer dem Flackern des Dochts, das ein Fleckchen Wirklichkeit schuf, das nur in seinem blassgelben Rund Bestand hatte. Zurückgeworfen auf sich selbst erwachten in Harald Ahnungen, die nicht in gewöhnlichen Sinneswahrnehmungen gründeten. So wie er wusste, dass sich am Ende dieses Weges ein Ort befand, der nach ihm rief, ahnte er, dass er nicht allein war. In dem Nicht-Raum der Dunkelheit war eine Präsenz, die ihn beobachtete – oder war es die Finsternis selbst, die Haralds Eindringen bemerkt hatte?

Er war ein einsames Glühwürmchen in sternenloser Nacht, unbedeutend und harmlos, doch interessant genug, um in ein Glas gesteckt zu werden, bis sein verzweifeltes Anrennen gegen die unsichtbaren Wände seines Gefängnisses seinen Häscher langweilen würde.

Sein Herz schlug rascher, seine Atemzüge kamen schnell und flach, und seinen Geist erfüllte ein einziger Wunsch: Umkehren! Was hatte er sich nur dabei gedacht, als ihm der Schritt durch die Albtraumpforte erstrebenswerter erschienen war, als für ein paar Stunden das Gezänk seiner Familie zu ertragen? Er drehte sich um und machte sich daran, den Weg wieder zurückzugehen, das diffuse Gefühl des Bedauerns ignorierend, das ihn in die entgegengesetzte Richtung zerren wollte.

Der Wind, dessen Luftzug er bereits im Keller gespürt hatte und der ihn die ganze Zeit nicht verlassen hatte, frischte auf und griff nach der Flamme, die flackerte und zu einem winzigen Glutpunkt schrumpfte, sodass Harald schützend die Hand wie einen Schirm darumlegte.

Die Dunkelheit kroch heran, und er spürte ihre kalte Berührung.

Er hielt den Leuchter dicht am Körper, formte einen Schutz mit seiner Jacke, sodass kaum etwas des spärlichen Lichts nach außen drang. Bei jedem Schritt, den er gegen den körperlosen Willen der Dunkelheit tat, fand der Wind einen Weg zu der Flamme, zerrte an ihr und drohte, sie vom Docht zu reißen. Mit der gleichen Sicherheit, mit der er sich der Erdanziehung bewusst war, ohne je einen Gedanken daran verschwenden zu müssen, wusste er, dass dieses kleine Stückchen Weg aufhören würde zu existieren, sollte das Licht erlöschen – und er mit ihm.

„Ja, ja, ja", rief er, „hör auf, du hast gewonnen!" Ruckartig machte er kehrt und stolperte voran, hoffend, dass er noch dem Weg folgte, dessen Ende ein Ziel versprach und er nicht ins Nirgendwo irrte, wo ihn nur einsames Vergehen erwartete.

So beschäftigt war er damit, die Flamme der Kerze zu schützen, dass er die Stufen übersah, die sich vor ihm im Boden auftaten.

***

Sein Fuß trat ins Leere, und er verlor das Gleichgewicht. Schmerz explodierte in seinem Handgelenk, als er den Sturz abfing. Er hörte ein metallisches Klirren. Der Leuchter war zu Boden gefallen.

Das Licht! Ein letzter rationaler Gedanke rettete ihn vor kopfloser Panik. Er fühlte die Stufen einer Treppe unter seinen Händen, spürte ihre beruhigende Stofflichkeit, die ihm sagte, dass es noch einen Ort gab, an dem er sich befand. Noch konnte er schemenhaft sehen, also war das Licht nicht erloschen! Einige Schritte unter ihm, gerade noch vor der Windung, die die Wendeltreppe machte, deren Stufen er hinabgestürzt war, konnte er den Fuß des Messingleuchters erkennen.

Harald kroch die Stufen hinunter, die aus poliertem Holz gemacht waren und sich unter seiner Hand warm und echt anfühlten. Als er den sterbenden Schimmer der Kerze erreichte, zappelte nur noch ein orange glühendes Fünkchen auf dem Docht. Er nahm den Leuchter und richtete ihn behutsam auf. Die Flamme erholte sich.

Endlich konnte er seine Umgebung in Augenschein nehmen. Aus dem unterschwelligen Gefühl der Vertrautheit, das sich seit der Entdeckung des Durchgangs im Keller in ihm regte, stiegen Bilder auf. Er suchte die Wand des Treppenschachts mit seinem Blick ab, und da war sie, die römische Ziffer X aus Messing an der Wandvertäfelung. Er ging die Treppe hinab, zehn Stufen, IX, zehn weitere, VIII, noch einmal zehn, VII, tiefer und tiefer, bis er die I erreichte.

Am Fuß der Wendeltreppe befand sich eine Tür, schmal und niedrig, sodass jeder außer einem Kind oder einem kleinen Erwachsenen den Kopf einziehen musste, um sie zu durchschreiten. Harald drehte den Knauf und öffnete sie.

Das Zimmer hinter der Tür war achteckig, und alles darin war rätselhaft und doch vertraut. In die holzgetäfelten Wände waren Bücherregale eingelassen, und Bilder hingen an den freien Flächen dazwischen. Sie zeigten fremdvertraute Landschaften und Porträts, und er erkannte einen Bilderrahmen, dessen Zwilling *oben* oder in *der anderen Welt* im Wohnzimmer seines Onkels hing. In den Regalen standen oder lagen Bücher, darunter solche, auf deren Ledereinbänden Schriftzeichen in ihm unbekannten Sprachen geprägt waren, und zerbröckelnde Bände, bei denen er nicht wusste, ob sie aus Papier, Pergament oder Papyrus gemacht waren. Rollen und Bündel einzelner Blätter, die mit unterschiedlichen Handschriften und Alphabeten beschrieben waren, teilten sich die Regale mit billigen Taschenbüchern, deren grelle Umschlagbilder von Abenteuern in fremden Welten kündeten. Unter ihnen waren viele Titel, die Harald geläufig waren, und er glaubte, einige Bücher wiederzuerkennen, von denen er sich vor vielen Jahren hatte trennen müssen, wobei nur sein Onkel Verständnis für den Schmerz gehabt hatte, den ihm das bereitet hatte.

Der Raum war von bleichem Licht erfüllt, das durch eine Reihe von Fenstern fiel, die in die Wand gegenüber der Tür eingelassen waren. Harald ging zu einem davon, entriegelte die Fensterflügel und stieß sie auf. Er sah einen Nachthimmel, an dem fremde Sterne gegen zwei volle Mondscheiben anfunkelten. Ihr knochenbleiches Licht erhellte weit unter Haralds Aussichtspunkt das Rund der Caldera eines Vulkans. Dieser Anblick löste zum ersten

Mal kein diffuses Gefühl aus, keine vage Erinnerung halb vergessener Träume. Er hatte schon einmal hier an diesem Fenster gestanden, und er wusste genau, was er sehen würde, wenn er sich hinausbeugte.

Unter ihm lag der Krater und darum, darin und darüber war ... seine Stadt, *Tahemish*, wie es sich an die inneren Hänge des Vulkans klammerte, sich um das schwarze Ufer des Kratersees schmiegte und an klirrenden Ketten und knarrenden Tauen von Türmen und Brücken über seinen türkisblauen Wassern hing.

Tahemish, das er sich zusammen mit seinem Onkel Rudolf erträumt hatte, an den langen Nachmittagen und trägen Wochenenden schier endloser Sommerferien, und später allein im Bett vor dem Einschlafen. In Bildern und Zeichnungen hatte er es entworfen, in Fragmenten von Geschichten beschrieben, hingekritzelt auf die letzten Seiten seiner Schulhefte.

Die Nachtluft trug den Geruch des Kraters zu ihm hinauf, mineralisch, heiß und stechend, mit einer Note exotischer Gewürze. Diese Luft war der Grund, weswegen die Edlen der Stadt ihre Häuser wie übergroße Vogelbauer aus Holz und Leinwand an Seilen und Ketten über den See in den Wind gehängt hatten, denn der Atem des glühenden Bergs versprach hellsichtige Träume und verlängertes Leben.

Waren sie schon immer wahr gewesen, die Geschichten, die er sich mit seinem Onkel ausgedacht hatte, oder war diese Stadt erst durch sie dem Nebel entstiegen, der ewig den Gipfel des schlummernden Vulkans umhüllte?

Er griff in seine Tasche und ertastete das Smartphone darin. Er war überrascht, es dort zu finden, es war ein

Fremdkörper in dieser Welt. Der Sperrbildschirm zeigte keinerlei Empfang an, wohl aber die Uhrzeit. Zehn Uhr sechsunddreißig und damit keine Minute später als das letzte Mal, seit er im Keller seines Onkels darauf geschaut hatte. Er hatte keine Vorstellung, wie lange er durch die Dunkelheit getappt war, doch war es möglich, dass gar keine Zeit dabei vergangen war? Er entsperrte das Gerät und prüfte dessen Funktionen, die einwandfrei waren, sofern sie keine Netzverbindung benötigten. Die Zeit aber blieb eingefroren.

***

Ein Gefühl unerwarteter Euphorie überkam ihn. Keine Zeit haben, das hieß, zerrieben zu werden zwischen Zwängen und Deadlines, Terminen und sich endlos wiederholenden geistlosen Tätigkeiten. Doch keine Zeit haben konnte auch bedeuten, keine Zeit zu brauchen, weil sie nicht verging, niemals „weniger wurde".

Er konnte hier sitzen, die Nachtluft zum Fenster hereinlassen und warten, bis der Stern des Wanderers hinter den Zacken des nördlichen Kratergrats versunken war, und niemand dort oben würde es bemerken. Er würde noch hier sitzen, wenn die Sonne über Tahemish aufging und die Stadt zu sich kam. Die Straßen würden zu Leben erwachen und die Bewohner ihren Geschäften nachgehen. Händler würden ihre Waren feilbieten, Kinder styraxgetränkte Tücher aus irdenen Töpfen verkaufen, die das Atmen erleichterten, wenn die Fumarolen des Vulkans sich regten und stinkende Wolken ausspien. Die Granden der exilierten Herrscherhäuser aus der Gasse der Despoten würden sich in Sänften zum Hafen der Wolkenboote tragen lassen, um dort darauf zu warten, dass eines ihrer verlorenen Reiche sie aus der Ferne rief und nach ihnen verlangte. Vielleicht würde er einen der Bewohner sehen, mit denen er und sein Onkel die Stadt bevölkert hatten, denen sie Namen gegeben hatten und Gesichter: Radj mit dem onyxschwarzen Auge, oder die schöne Dame Zeranjit, deren Salons und Feste die glanzvollsten waren.

Er saß da und wartete und träumte, wissend, dass seine Träume diesmal nicht am Morgen verfliegen würden, sondern er sie mit wachen Augen sehen würde und nicht opfern musste als Tribut an die Zwänge eines prosaischen Lebens. Als der Schlaf kam, wehrte er sich nicht, denn zum ersten Mal in seinem Leben war die Zeit nicht sein Feind.

***

Er konnte sich nicht erinnern, wann er das letzte Mal so tief geschlafen hatte. Obwohl er am ungewöhnlichsten Ort erwachte, den er sich denken konnte, wusste er sofort, wo er sich befand. Die Sonne, die hier in einem dunkleren Rot glühte, hatte sich eine Handbreit über den Horizont geschoben und die Umrisse der Häuser im Krater begannen sich abzuzeichnen. Bald würde die Stadt erwachen.

Einer plötzlichen Eingebung folgend, durchforschte sein Blick den Raum. Auf einer Konsole unterhalb des Fensters lag ein aufgeschlagenes Notizbuch. Auf den vergilbten Seiten erkannte er seine eigene kindliche Handschrift neben den Skizzen, die er darauf gekritzelt hatte. Doch es gab auch erwachsenere Zeichnungen von größerer Reife, und zwischen den Seiten steckten Zettel mit Notizen in der unverkennbaren Schrift seines Onkels. Die Bilder zeigten Szenen aus Tahemish, der Stadt, die sie so lange beobachtet hatten, dass ihnen jedes Haus und jede Gasse vertraut waren.

Neben den Papieren lag, was er suchte; der Lederköcher, der Onkel Rudolfs altes Fernglas enthielt. Er öffnete den steifen Verschluss und zog das Instrument aus brüniertem Messing und geschliffenem Glas hervor. Mit der Aufregung eines Forschungsreisenden, der ein unbekanntes Ufer am Horizont entdeckt, hob er das Glas vor die Augen und richtete es auf die Szenerie, die sich unter ihm erstreckte.

Das Licht der Sonne kroch weiter durch den Krater und enthüllte Stück für Stück die Straßen und Gebäude und die Türme, an denen die hängenden Häuser befestigt waren. Sein Blick suchte nach Anzeichen von Leben, doch noch schlief die Stadt. Müssten nicht jetzt die Kochfeuer entzündet werden und die ersten Rauchfäden aus den Schornsteinen steigen? Sollten nicht die Segel der Wolkenbarken zu erkennen sein, die, den frühen Aufwinden folgend, Kurs auf Tahemish nahmen? Wo waren die Karren, die von exotischen Tieren und exotischer anmutenden Leuten gezogen wurden, die sich auf den Weg zum Himmelshafen machten, um die Waren auszuladen, die die Luftschiffe brachten?

Stattdessen sah er einen der schwebenden Paläste, wie er, nur noch an einer Haltekette hängend, träge über dem Abgrund schwang. Die Fensterläden klapperten träge auf und zu, die geschnitzten hölzernen Transennen waren zerbrochen, und die seidenen Vorhänge, die einst die Festlichkeiten im Innern vor neugierigen Blicken geschützt hatten, flatterten wie zerrissene Segel im Wind.

Stück für Stück entblößte die Sonne den beklagenswerten Zustand der Stadt, den das Mondlicht gnädig übertüncht hatte. Die Türme stachen wie Rippen aus dem

Brustkorb eines Skeletts; manche waren geborsten, ihre Trümmer in die grün-blauen Wasser des Kratersees gestürzt. Häuser neigten sich vornüber, gestützt nur noch auf die Erinnerung an bessere Tage. Andere hatten sich ihrem Schicksal ergeben, waren zu Boden gesunken und zu Grabhügeln aus morschen Balken, zerborstenen Steinen und zerbröseltem Putz geworden. Nirgends aber zeigte sich der kleinste Anschein von Leben.

Tränen rannen aus Haralds Augen und benetzten seine Wangen, als ihm klar wurde, dass Tahemish tot war. Er schämte sich ihrer nicht. Seine Stadt war bereits vor vielen Jahren gestorben, und er blickte auf ihr Grab und ihren Leichnam zugleich.

Hinter ihm schrumpfte die Flamme zu einem blauen Perlchen aus Licht, das schließlich in einem kleinen See aus Wachs ertrank.

Das Schloss am Katzenrech

Von Tanja Karmann

„Bringst du noch Gläser mit?“

„Klar!“, rief Laura Fabian über die Schulter zu, während sie den Sackkarren über die Wiese zerrte. Ihr Chef entkorkte gerade mit geübten Handgriffen eine Flasche des neuen Rieslings. An diesem Tag arbeiteten alle Hand in Hand.

Zum Glück, dachte Laura, sonst hätten sie den Ansturm an diesem Samstag nicht bewältigen können. Das Event wurde weit besser angenommen, als sie gedacht hatten.

Im Kühlwagen war es angenehm frisch und still. Der Gedanke an Lars kam nahezu im selben Augenblick und hieb ihr wie eine Faust in den Magen. *Jetzt bloß nicht heulen,* dachte sie, wischte sich mit dem Handrücken über die Augen und lud mehrere Kisten auf den Sackkarren. Vorsichtig, damit die Ladung nicht zur Seite kippte, machte sie sich auf den Rückweg.

Fabian half ihr, die Kisten hinter dem Weinstand zu verstauen. „Die Leute sind heute wirklich gut drauf.“ Der Jungwinzer stopfte einen Geldschein in das Glas, indem sie die Trinkgelder sammelten. „Hast du eigentlich schon eine Pause gemacht?“ Sie schüttelte den Kopf. „Dann wird es aber Zeit.“ Er deutete auf mehrere Pavillons am anderen Ende des Festplatzes. „Hol dir drüben was zu essen, geht aufs Haus.“

„Mach ich“, antwortete Laura und stellte die letzten Flaschen auf den Tresen. Auf dem Weg über den Platz, genoss sie die idyllische Atmosphäre. Das *Perler Winzerfest* fand in diesem Jahr zum ersten Mal statt, doch die Initiatoren hatten bei den Vorbereitungen ganze Arbeit geleistet. Die Weinstände, die sie aus Holzpaletten zusammengezimmert hatten, fügten sich harmonisch in die Natur ein, und die weißen Tischdecken auf den Biertischen hoben sich als helle Farbtupfer vor dem satten Grün der Umgebung ab.

Das Areal rund um das sogenannte Katzenhaus war zudem gut gewählt, es lag verkehrsgünstig und bot genügend Platz. Dass es sich bei dem kleinen Gebäude um ein Lustschloss aus dem 19. Jahrhundert handelte, das gern für ausufernde Zechgelage genutzt worden war, machte das Ganze noch ein Stück charmanter. Gerade hatte sich eine kleine Gruppe Menschen vor dem turmähnlichen Bau mit dem Schieferdach versammelt. Auf der Treppe zum Eingang stand ein älterer Mann, dessen Schirmmütze ihn als Angestellten des Tourismusbüros auszeichnete.

„Seiner Frau, der Comtesse d'Arnault et de Soleuvre, wird dies wohl weniger gefallen haben. Ob die Kinderlosigkeit der Ehe am Alkoholkonsum ihres Gatten lag, dem er hier in seinem Lustschloss reichlich nachgegangen ist, sei dahingestellt." Ein Lachen ging durch die Menge, viele prosteten sich mit ihren Weingläsern zu.

„Natürlich", fuhr der Mann fort, „ranken sich um dieses Gebäude auch vielerlei Sagen. Die bekannteste erzählt, dass hier einst drei wunderschöne Frauen wohnten. Eines Tages ritt ein Mann vorbei, der sich in eine von ihnen verliebte und ihr die Hochzeit antrug. Die Frauen aber verspotteten ihn nur. Er verfluchte sie deshalb, sodass sie sich in Katzen verwandelten. Seither streichen sie des Nachts um das Häuschen herum."

Laura zog eine Augenbraue hoch. Musste es zu jedem alten Gebäude eine abenteuerliche Geschichte mit einem Fluch geben? Sie konnte sowieso nichts mit alten Legenden anfangen, doch diese erschien ihr besonders absurd. Lars war selbst nach drei Jahren Beziehung nicht auf die Idee gekommen, ihr einen Heiratsantrag zu machen, geschweige denn beim ersten Date. Vermutlich war Heiraten ein Euphemismus für ein ganz anderes Ansinnen.

Der Zweig schlug ihm mitten ins Gesicht. Franz fluchte und griff sich an die Stirn. Er musste die Augen zusammenkneifen, um etwas zu erkennen, doch es war eindeutig Blut, das an seinen Fingern klebte.

„Verdammter Bastard", schimpfte er. Es war alles Nells Schuld. Dabei hatten sie einen solch vergnüglichen Abend verbracht. Die Zechgelage in Nells Schlösschen waren nahezu legendär.

Er taumelte und schaffte es gerade noch, sich an einem Baumstamm abzustützen. Die ruckartige Bewegung verursachte ihm Schwindel, und er erbrach sich ins Dickicht. Keuchend riss er an seinem Kragen, das verdammte Ding schnürte ihm die Kehle zu. Sein Halstuch hatte er bereits irgendwo im Wald verloren. Oder hatte er es noch im Schlösschen abgelegt? Er konnte sich nicht erinnern.

Wenn er nur den Weg finden würde! Vielleicht hätte er Nell bitten sollen, ihm eine Kutsche anspannen zu lassen, doch er hätte lieber den Teufel selbst um einen Gefallen gebeten!

Franz rieb sich das Kinn. Fäden aus Speichel und Erbrochenem hingen davon herab. Die Stelle, wo der Graf ihn getroffen hatte, schmerzte noch immer empfindlich. Und alles nur, weil er sich einen Witz über dessen Ehe erlaubt hatte.

„Bei mir wäre das Weib schon längst schwanger", knurrte er. Nell war einfach ein Schlappschwanz, der im Schlafgemach nicht seinen Mann stehen konnte. Langsam, um sich nicht noch einmal übergeben zu müssen, drehte sich Franz im Kreis. Dennoch verschwammen die Bäume zu einer einzigen Masse. Aus welcher Richtung war er gekommen? Er konnte sich doch nicht wirklich in diesem kleinen Waldstück verlaufen haben! Da glaubte er, zwischen den Bäumen einen schwachen Lichtschein zu erkennen. Mühsam kämpfte er sich durch das Gestrüpp, bis sich schließlich vor ihm eine schmale Lichtung auftat, auf der eine ärmliche Hütte stand. Rauch stieg aus einem kleinen Schornstein auf dem Dach, und durch ein mit Tüchern abgehängtes Fenster drang etwas Licht nach draußen.

Franz runzelte die Stirn. Wer hauste hier mitten im Wald? Handelte es sich um eine Notunterkunft für Holzfäller oder Jäger? Es war ihm gleich. Hier würde er ein Nachtlager einfordern und seinen Rausch ausschlafen. Nach einer guten Mahlzeit am nächsten Morgen würde er immer noch nach Hause zurückkehren können. Dort rechnete in dieser Nacht sowieso niemand mit ihm.

Er stolperte über die Wiese und schlug hart mit der Faust gegen die schiefe Tür.

Nachdem sie etwas gegessen hatte, suchte Laura sich einen freien Platz auf der Wiese, um ihre Pause noch ein wenig zu genießen. Die Sonne lag warm auf ihrer Haut, der Himmel spannte sich weit über sie, und von der Bühne her trug der Wind die Töne eines Konzerts zu ihr. Etwas wehmütig schaute sie zu den zahlreichen Pärchen, die nach etwas Zweisamkeit im Trubel des Festes gesucht hatten. Kurz dachte sie an den letzten Urlaub mit Lars zurück, er hatte sie mit einem Picknick überrascht und ... Etwas strich ihr um die Beine. Laura zuckte zusammen und schaute sich um. Es war eine Katze.

„Hast du mich erschreckt", schimpfte sie halblaut.

Die Katze maunzte und strich erneut an ihrem nackten Unterschenkel entlang. Laura lächelte und strich mit der Hand über das struppige Fell. Die Katze drückte sich an ihre Hand, dann sprang sie unvermittelt auf ihren Schoß und sah sie auffordernd an. Laura verzog das Gesicht, als sie die entzündete Wunde über dem linken Auge des Tieres sah.

„Du Arme, was ist denn mit dir passiert?", fragte sie.

Die Katze maunzte zur Antwort und stupste sie mit der Pfote an.

„Ist ja gut!" Als sie das Tier weiter streichelte, rollte es sich auf ihrem Schoß zusammen und begann leise zu schnurren. Laura lächelte. Sie mochte Katzen. „Du bist wohl genauso einsam wie ich?", flüsterte sie. Eine Träne glitzerte in ihrem Augenwinkel.

Bevor sie sie wegwischen konnte, richtete sich die Katze auf, stellte ihre Vorderpfoten auf Lauras Brust und leckte ihr über die Wange. Die Zunge kratzte rau über Lauras Haut.

„Hey", protestierte sie lachend und schob die Katze halbherzig beiseite.

Das Tier blickte sie unverwandt an. Ich bin da, schien sein Blick zu sagen. Gedankenverloren strich Laura der Katze über den Rücken. Der warme Körper fühlte sich gut an, und als das Tier sich wieder in ihrem Schoß zusammenrollte, fühlte sich Laura schon weniger allein. Lars war allergisch gegen Katzen gewesen, doch nun, da sie allein wohnte, wäre ein Mitbewohner gar keine schlechte Idee. Vielleicht würde sie die Tierheime in der Nähe abklappern. Jetzt musste sie aber erst einmal zurück zur Arbeit. Sie gab der Katze einen leichten Klaps.

„Aufstehen, Süße! Meine Pause dauert leider nicht ewig."

Die Katze machte allerdings keine Anstalten, sich zu erheben. Laura blieb nichts anderes übrig, als sie mit sanfter Gewalt von ihrem Schoß zu schieben. Dann stand sie auf. Die Katze blieb neben ihr und sah sie vorwurfsvoll an, zumindest kam es Laura so vor.

„Tut mir leid, die Arbeit ruft. Geh nach Hause, Mieze." Sie machte sich auf den Weg. Als sie sich umdrehte, hatte die Katze sich keinen Zentimeter von der Stelle gerührt und sah ihr immer noch hinterher.

„Lasst mich ein!", rief er lauter und wollte erneut gegen das Holz hämmern, als die Tür nach innen schwang und den Blick auf eine junge Frau freigab. Das Mädchen war so schmal, dass Franz ihre Taille mühelos mit den Händen hätte umfassen können, doch unter ihrer lose geschnürten Bluse konnte er ihre zarten Brüste erahnen.

„Was wollt Ihr?", fragte sie schüchtern und schaute ihn mit großen Augen an. Um ihre Lippen lag noch ein fast kindlicher Zug. *Die hat bestimmt noch nie bei einem Mann gelegen*, fuhr es Franz durch den Sinn, und er fühlte, wie sein Schwanz hart wurde. *Mal sehen, was die Nacht noch bringt.*

„Etwas Wasser zum Waschen für den Anfang und danach einen großen Krug Bier und einen warmen Platz in Eurem Bett für die Nacht."

Röte kroch der jungen Frau bei diesen Worten ins Gesicht, was Franz nur noch mehr erregte. Hilfesuchend drehte sie sich um. Augenblicklich wurde sie ins Innere des Hauses geschoben, und eine ältere Frau trat an die Tür. Sie trug eine Schürze und ein Kopftuch. Die Ähnlichkeit zu der jüngeren Frau war nicht zu leugnen, doch schien sie Franz nicht alt genug, um ihre Mutter zu sein. Vielleicht Schwestern?

„Verzeiht, doch wir können Euch leider kein Obdach bieten." Sie deutete auf den Wald. „Wenn Ihr in diese Richtung geht, erreicht Ihr in weniger als zwei Stunden einen kleinen Weiler. Dort wird man Euch sicher aufnehmen."

„Zwei Stunden? Weib, sehe ich so aus, als wolle ich noch zwei Stunden durch den Wald irren? Geh zur Seite und lass mich ein, sonst wirst du es bereuen." Franz glaubte, von drinnen einen leisen Aufschrei zu hören, doch die Frau vor ihm blieb ruhig.

„Nein. Ihr müsst Euren Rausch an anderer Stelle ausschlafen. Und nun geht."

Franz wollte über die Schwelle treten, doch die Frau war schneller. Schon hatte sie ihm die Tür vor der Nase zugeschlagen.

„Unerhört!", tobte er und hämmerte gegen die Tür. „Das werdet Ihr noch bereuen!"

Doch so sehr er auch brüllte und gegen das Holz schlug, es half nichts. Irgendwann verließ ihn die Kraft. Er taumelte über die Lichtung, kam jedoch nur zu einem großen Baum an deren Rand. Dort brach er zusammen.

„Vielen Dank für deine gute Arbeit." Fabian drückte ihr noch einmal die Hand. Es war schon weit nach Mitternacht.

Laura ließ den Kopf sinken und drückte die Schultern nach hinten. Sie war hundemüde, aber finanziell hatte sich das Wochenende definitiv gelohnt. Sie verabschiedete sich von allen, dann ging sie allein den schmalen Weg zwischen den Weinbergen hinab. Die Ruhe und die kühle Nachtluft taten ihr gut. Sie wollte gerade ihr Auto aufsperren, als sie ein Maunzen hörte. Sie drehte sich um. Die Katze kam mit hocherhobenem Schwanz hinter ihrem Wagen hervor und stolzierte auf sie zu.

„Da bist du ja wieder", rief Laura und ging in die Hocke. Die Katze kam näher und rieb zutraulich den Kopf an ihrer Hand. „Hast du etwa auf mich gewartet?" Die Katze maunzte und schaute sie erwartungsvoll an. „Du bist echt süß, aber jetzt heißt es auf Wiedersehen sagen. Ich muss wirklich ins Bett." Sie erhob sich und sperrte das Auto auf.

Kaum hatte sie die Fahrertür geöffnet, sprang das Tier ins Innere.

„Hey", protestierte Laura und bedeutete dem Tier, wieder nach draußen zu springen.

Als die Katze keine Anstalten machte, sich vom Fleck zu rühren, beugte sie sich nach vorn, um den ungeladenen Passagier aus dem Wagen zu bugsieren. Ohne Ankündigung fauchte das Tier laut und schlug mit der Pfote nach Laura. Die Krallen zogen scharf über ihren Handrücken.

„Aua!", schrie Laura erbost und erschrocken zugleich und betrachtete ihre Hand. Blut trat aus zwei tiefen Kratzern. *Gut, dass ich meine Tetanus-Impfung erst vor Kurzem habe auffrischen lassen*, dachte sie, *aber wer weiß, was der Streuner noch an Krankheiten mit sich herumschleppt.* Sie betrachtete die Katze mit gerunzelter Stirn, die immer noch auf dem Vordersitz saß, aber den Kopf gesenkt hatte, als würde sie sich schämen. Laura fiel auf, dass sie kein Halsband trug. Ihr Fell war stumpf. Plötzlich tat ihr das Tier leid.

„Hast du kein Zuhause, Süße?", fragte sie.

Als hätte das Tier sie verstanden, hob es den Kopf und maunzte kläglich. Im schwachen Licht der Innenbeleuchtung sah die Wunde über seinem Auge wirklich übel aus.

Laura seufzte. „Sieht so aus, als müssten wir beide verarztet werden, was? Dann mach mal Platz."

Ohne Murren sprang die Katze auf den Beifahrersitz, wo sie sich einrollte und augenblicklich einschlief. Laura musste unwillkürlich schmunzeln. Dann startete sie den Motor und fuhr nach Hause.

Der Morgen dämmerte bereits, als Franz wieder zu sich kam. Mühsam schlug er die Augen auf. In seinem Mund klebte ein ekelerregender Geschmack.

„Verdammte Weibsbilder", fluchte er mit Blick auf die Hütte. Er hatte nicht übel Lust, sich gewaltsam Zutritt zu verschaffen und alles darin kurz und klein zu schlagen, doch als er versuchte, sich aufzurichten, schmerzten seine Glieder höllisch. Stöhnend ließ er sich wieder zu Boden sinken. Da erregte eine Bewegung seine Aufmerksamkeit. Eine Katze huschte neben ihm aus dem Wald und auf das Haus zu. Sie schien ihn nicht bemerkt zu haben. Ob sie den Weibsbildern gehörte? Franz spuckte aus. Würde zu ihnen passen. Hexenpack. Warum sonst würden sie hier draußen allein im Wald leben?

Das Tier hatte unterdessen das Haus erreicht. Es schaute sich einmal um, dann stellte es sich auf die Hinterbeine. Der geschmeidige Körper begann sich zu strecken. Franz traute seinen Augen nicht, als er sah, wie sich Arme und Beine aus den Läufen formten und das Fell einer makellosen hellen Haut wich.

Schließlich war die Katze völlig verschwunden und eine nackte Frau stand auf der Lichtung. Es war die jüngere der beiden Schwestern. Ihre zarte, fast noch knabenhafte Gestalt hob sich hell gegen die Umgebung ab. Dunkler Flaum bedeckte ihre Scham, und die hellen Spitzen ihrer kleinen, aufrechten Brüste waren deutlich im Licht der aufgehenden Sonne zu erkennen. Franz Männlichkeit regte sich. Er musste sie besitzen!

„He!", rief er und richtete sich auf.

Erschrocken drehte sich die junge Frau um. Die Angst in ihrem Blick verlieh ihm neue Kräfte. Mit wenigen schnellen Schritten war er bei ihr.

„Heute entziehst du dich mir nicht, Hexenweib!", zischte er und griff nach ihrem Handgelenk. Das Mädchen schrie auf, der Laut erregte ihn noch mehr. Brutal drängte er sie mit seinem massigen Körper gegen das Haus und presste den nackten Leib gegen das raue Holz. Gierig leckte er über ihren Hals, fast rasend vor Verlangen. „Stell dich nicht so an", keuchte er und griff ihr zwischen die Beine. „Glaub mir, es wird dir gefallen. Es hat noch jeder gefallen."

Er drückte seine Lippen auf ihre, um ihr Wimmern zu ersticken, stieß seine Zunge in ihren Mund und packte auch ihr zweites Handgelenk. Als sie versuchte, sich ihm zu entwinden, lachte er auf. Mühelos drückte er ihre Arme über ihren Kopf, umfasste beide Handgelenke mit einer Hand und nestelte mit der anderen an seiner Hose.

Laura zog scharf die Luft ein, als sie die antiseptische Lösung aufsprühte, und betrachtete die beiden Kratzer skeptisch. Wenn sie sich entzündeten, würde sie am nächsten Tag zum Arzt gehen müssen. Sie füllte warmes Wasser in eine Schüssel, griff nach einem sauberen Handtuch und ging zurück ins Wohnzimmer.

Augenblicklich spitzte die Katze, die sich auf ihrem Lesesessel eingerollt hatte, die Ohren. Das Tier war ihr bereitwillig die Treppen nach oben in ihre kleine Wohnung gefolgt und hatte den Thunfisch aus der Dose, den Laura ihr hingestellt hatte, restlos verputzt. Nun döste sie. Vorsichtig trat Laura näher, sie wollte nicht noch mehr Kratzer einstecken. Die Katze ließ jedoch zu, dass sie sich die Wunde über ihrem Auge näher ansah. Es schien sich um eine alte Verletzung zu handeln, die nie richtig verheilt war. Die Wundränder waren ausgefranst und der Schnitt nässte.

„Was hast du da nur angestellt?", murmelte Laura, als sie die Wunde vorsichtig mit dem nassen Handtuch betupfte und danach desinfizierte.

Die Katze antwortete nicht. *Natürlich nicht*, dachte Laura und schüttelte den Kopf. Trotzdem musste sie sich eingestehen, dass sich die Anwesenheit des Tiers in der sonst stillen Wohnung gut anfühlte.

Sie stellte das Antiseptikum auf den Beistelltisch und hob die Katze vorsichtig hoch. Geduldig ließ sie es geschehen. Laura setzte sich auf den Sessel, legte die Katze auf ihrem Schoß ab und kraulte sie hinter dem Ohr. Sofort schnurrte das Tier wieder. Es klang beruhigend, und Laura fielen die Augen zu.

Im Traum war Lars bei ihr. Sie lagen eng umschlungen auf dem Sofa. Er strich über ihren Rücken, dann über ihre Taille und weiter hinauf. Während seine Hände unter ihr Shirt schlüpften, um zärtlich ihre Brüste zu streicheln, bedeckte er ihren Hals mit Küssen ...

Etwas stimmte nicht an diesem Bild, doch Laura versuchte krampfhaft, den Traum festzuhalten. Ihr Atem ging schneller. Zärtlich flüsterte ihr Lars etwas ins Ohr. Stöhnte. Schnurrte. Abrupt richtete sich Laura auf. Die Katze saß auf ihrer Brust und sah sie ungnädig an.

„Das reicht jetzt aber", sagte Laura entschlossen. „Ich muss unter die Dusche und endlich ins Bett."

Wie auf Kommando sprang die Katze von ihrem Schoß und ging voran Richtung Badezimmer. Dabei hob sie ihren Schwanz hoch.

„Du bist ja ein Kater", rief Laura verblüfft. Der Kater blieb kurz stehen und warf ihr einen Blick zu, dann verschwand er im Bad.

Laura folgte ihm gähnend. Ihre Füße brannten bei jedem Schritt, und ihr Nacken schmerzte. Sie brauchte dringend eine heiße Dusche.

Achtlos ließ sie ihre Kleidung zu Boden fallen. Der Kater strich um ihre nackten Beine und maunzte leise, dann begann er, an ihrer Wäsche zu schnüffeln. Seine Pfoten traten rhythmisch auf der Stelle. Als er den Kopf hob, um sie anzuschauen, reflektierte das Licht des Badezimmerschranks in seinen Augen. Sie waren wunderschön. Einen Augenblick konnte Laura sich nicht von ihnen losreißen. Dann schüttelte sie den Kopf und drehte den Hahn auf.

Augenblicklich beschlug das Glas der Duschkabine. Das heiße Wasser prasselte wohltuend auf ihren nackten Körper, und Laura merkte, wie eine wohltuende Schwere ihre Glieder erfasste.

Ein brennender Schmerz durchfuhr seinen Rücken. Franz schrie auf. Unwillkürlich ließ er die Handgelenke des Mädchens los. Sie nutzte die Gelegenheit, unter seinen Armen hinwegzutauchen. Brüllend vor Schmerz und Wut drehte sich Franz um, seine Haut brannte wie Feuer. Vor ihm stand eine zweite Katze, den Schwanz hoch erhoben und den Rücken zum Buckel geformt. Sie fauchte laut. Die Schwester?

„Komm nur her, du Mistvieh!“, schrie Franz.

Die Katze tat ihm den Gefallen. Ohne Ansatz sprang sie ihm ins Gesicht. Ihre Krallen verfingen sich in seiner Augenbraue. Franz spürte, wie die Platzwunde wieder aufriss. Blut lief ihm ins Auge, während die Katze an ihm herunterrutschte und seine Kleidung mit ihren scharfen Krallen zerriss. Im selben Augenblick traf ihn etwas in die Kniekehle und er brach zusammen. Sein Kopf knallte auf einen im Gras liegenden Stein, kurz wurde ihm schwarz vor Augen.

Nur undeutlich konnte er erkennen, wie die jüngere Frau einen schweren Ast fallen ließ und sich mit einem beherzten Sprung aus seiner Reichweite brachte. Verschwommen sah Franz, wie die Katze sich auf die Hinterbeine hob. Ihre Verwandlung ging viel schneller vonstatten als bei ihrer kleinen Schwester. Schon richtete sich die Frau vor ihm auf, drohend und machtvoll trotz ihrer Nacktheit.

„Ihr hättet gehen sollen, als Ihr die Gelegenheit dazu hattet. Nun ist es zu spät." Sie breitete ihre Arme aus. „Ich hätte Euch verziehen, dass Ihr unser Geheimnis entdeckt habt. Doch dass Ihr Euch an meinem Blut vergehen wolltet, darf nicht ungesühnt bleiben."

Sie murmelte einige Worte, die Franz nicht verstand. Ein heißer Schmerz begann, an seinem Körper zu reißen. Seine Muskeln zuckten unkontrolliert. Er wollte sich aufrichten, doch er konnte den Rücken nicht mehr strecken. Hilflos kroch er auf allen vieren auf dem Boden.

„Sieben Mal verfluche ich dich. Nie mehr sollst du auf zwei Beinen wandeln. Nie mehr soll dich einer der deinen erkennen. Nie mehr sollst du Hand an eine Frau legen. Niemand vermag diesen Fluch zu brechen, solange nicht sieben Frauen dich freiwillig in sieben Betten eingeladen haben. Erst dann soll mein Fluch enden und deine Strafe aufgehoben sein."

Franz Hände verkrümmten sich. Er wollte schreien, doch kein menschlicher Laut drang aus seiner Kehle. Dann explodierte der Schmerz, und es wurde dunkel um ihn.

Als sie die beschlagene Tür der Kabine öffnete, saß der Kater auf dem Duschvorleger und schaute sie aufmerksam an.

„Hast du auf mich gewartet?", fragte sie leise.

Als Antwort kam das Tier näher und leckte ihr die nackten Füße.

Sie lächelte. Während der Kater sie immer noch aufmerksam beobachtete, griff sie nach einem Handtuch und rubbelte sich trocken. Dann schlang sie es sich um die nassen Haare und schlüpfte in ein weites Nachthemd.

„Komm“, sagte sie und öffnete die Badezimmertür. „Lass uns ins Bett gehen.“

Der Kater folgte ihr schnurrend.

Hans Heinz Ewers

Hans Heinz Ewers geboren 1871 in Düsseldorf, gestorben 1943 in Berlin, war Dichter, Satiriker, Filmemacher, Skandalschriftsteller & Pornograph, Weltenbummler, Tierfreund, Phantast und ... gefallener Faschist. Als einem der wenigen deutschsprachigen Autoren gebührt ihm die Ehre in H. P. Lovecrafts berühmten Essay *The Supernatural in Literature* lobend erwähnt zu werden.

Grund dafür war die Erzählung *Die Spinne*, die, ins Englisch übersetzt, ihren Weg in die Anthologie *Creeps by Night* (1931) fand, herausgegeben von niemand geringerem als Dashiell Hammett. In der Tat finden sich einige oberflächliche Handlungselemente aus *Die Spinne* auch in Lovecrafts letzter Erzählung *The Haunter of the Dark*.

Und das ist kein Wunder, denn auch wenn Ewers andere Werke, wie etwa sein vermutlich berühmtester Roman *Alraune*, unter Freunden und Kennern der Dekadenten oder Phantastischen Literatur nach wie vor großes Ansehen genießen, so ist es doch *Die Spinne*, die es immer wieder vermag, auch das heutige Publikum im wahrsten Sinne des Wortes in ihren Bann zu ziehen, nicht zuletzt in den zahlreichen Adaptionen als Hörbuch und Hörspiel (*Clarimonde*, 2011).

(Nicht verschwiegen werden soll an dieser Stelle Ewers' komplizierte politische Vergangenheit. Er begeisterte sich Anfang der 1930er Jahre für den Nationalsozialismus, allerdings fehlte ihm zum Aufstieg innerhalb der Bewegung eine wichtige Eigenschaft – der Antisemitismus. Zeit seines Lebens pflegte er innige Freundschaften mit Juden und verhalf, spätestens nach seiner endgültigen Abwendung von der NS-Ideologie nach den Nürnberger Rassegesetzen von 1935, vielen seiner Freunde bei der Flucht aus Deutschland.

Aufgrund seiner abweichlerischen Haltung bekam er die repressive Seite des Regimes am eigenen Leibe zu spüren. 1934 landeten seine Bücher zusammen mit an-

deren "entarteten" Werken auf den überall brennenden Scheiterhaufen. Ewers erhielt Publikationsverbot und starb 1943 in Berlin. Was das über den Mann aussagt? Am ehesten wohl, dass Menschen oft kompliziert und nicht immer eindimensional sind.)

Die Spinne

Als der Student der Medizin Richard Bracquemont sich entschloß, daß Zimmer Nr. 7 des kleinen Hotel Stevens, Rue Alfred Stevens 6, zu beziehen, hatten sich in diesem Raume an drei aufeinanderfolgenden Freitagen drei Personen am Fensterkreuz erhängt.

Der erste war ein Schweizer Handlungsreisender. Man fand seine Leiche erst Samstag abend; der Arzt stellte fest, daß der Tod zwischen fünf und sechs Uhr Freitag nachmittags eingetreten sein müsse. Die Leiche hing an einem starken Haken, der in das Fensterkreuz eingeschlagen war und zum Aufhängen von Kleidungsstücken diente. Das Fenster war geschlossen, der Tote hatte als Strick die Gardinenschnur benutzt. Da das Fenster sehr niedrig war, lagen die Beine fast bis zu den Knien auf dem Boden; der Selbstmörder mußte also eine starke Energie in der Ausführung seiner Absicht betätigt haben. Es wurde weiter festgestellt, daß er verheiratet und Vater von vier Kindern war, sich in durchaus gesicherter und auskömmlicher Lebensstellung befand und von heiterem, fast stets vergnügtem Charakter war. Irgend etwas Schriftliches, das auf den Selbstmord Bezug hatte, fand man nicht vor, ebensowenig ein Testament; auch hatte er keinem seiner Bekannten gegenüber jemals eine dahingehende Äußerung getan.

Nicht viel anders lag der zweite Fall. Der Artist Karl Krause, als Fahrradverwandlungskünstler in dem ganz nahe gelegenen Cirque Médrano engagiert, bezog das Zimmer Nr. 7 zwei Tage später. Als er am nächsten Freitag nicht zur Vorstellung erschien, schickte der Direktor den Theaterdiener in das Hotel; dieser fand den Künstler in dem nicht verschlossenen Zimmer am Fensterkreuz erhängt vor, und zwar unter den durchaus gleichen Umständen. Dieser Selbstmord schien nicht weniger rätselhaft; der beliebte Artist bezog recht hohe Gagen und pflegte, ein fünfundzwanzigjähriger junger Mann, sein Leben in vollen Zügen zu genießen. Auch hier nichts Schriftliches, keinerlei verfängliche Äußerungen. Die einzige Hinterbliebene war eine alte Mutter, der ihr Sohn pünktlich an jedem Ersten zweihundert Mark für ihren Lebensunterhalt zu schicken pflegte.

Für Frau Dubonnet, die Besitzerin des billigen kleinen Hotels, dessen Kundschaft sich fast nur aus den Mitgliedern der nahegelegenen Montmartrevarietés zusammenzusetzen pflegte, war dieser zweite seltsame Todesfall in demselben Zimmer von sehr unangenehmen Folgen. Schon waren einige ihrer Gäste ausgezogen, andere regelmäßige Klienten nicht wiedergekommen. Sie wandte sich an den ihr persönlich befreundeten Kommissar des IX. Bezirkes, der ihr zusagte, alles für sie zu tun, was in seinen Kräften liege. So betrieb er denn nicht nur die Nachforschungen nach irgendwelchen Gründen für die Selbstmorde der beiden Hotelgäste mit besonderem Eifer, er stellte ihr auch einen Beamten zur Verfügung, der das geheimnisvolle Zimmer bezog.

Es war dies der Schutzmann Charles-Maria Chaumié, der sich freiwillig hierzu erboten hatte. Ein alter „Marsouin", Marineinfanterist mit elfjähriger Dienstzeit, hatte dieser Sergeant in Tonkin und Annam so manche Nacht einsam auf Posten gelegen, so manchen unangemeldeten Besuch katzenschleichender gelber Flußpiraten mit einem erfrischenden Schuß aus der Lebelbüchse begrüßt, daß er wohl geeignet erschien, den „Gespenstern", von denen sich die Rue Alfred Stevens erzählte, zu begegnen. Er bezog also bereits am Sonntag abend das Zimmer und legte sich befriedigt schlafen, nachdem er den Speisen und Getränken der würdigen Frau Dubonnet reichlich zugesprochen hatte.

Jeden Morgen und Abend machte Chaumié dem Polizeirevier einen kurzen Besuch, um Bericht zu erstatten. Diese beschränkten sich in den ersten Tagen darauf, daß er erklärte, auch nicht das allergeringste bemerkt zu haben. Dagegen sagte er am Mittwoch abend, er glaube, eine Spur gefunden zu haben. Gedrängt, mehr zu sagen, bat er, einstweilen schweigen zu dürfen; er habe keine Ahnung, ob das, was er glaube entdeckt zu haben, wirklich mit dem Tode der beiden Leute in irgendeinem Zusammenhang stehe. Und er fürchte sehr, sich zu blamieren und dann ausgelacht zu werden. Am Donnerstag war sein Auftreten ein wenig unsicherer, auch ernster; doch hatte er wieder nichts zu berichten. Am Freitag morgen war er ziemlich aufgeregt; er meinte, halb lachend, halb ernst, daß dieses Fenster jedenfalls eine seltsame Anziehungskraft habe. Jedoch blieb er dabei, daß das mit dem Selbstmorde in gar keiner Beziehung stehe und daß man ihn nur auslachen würde, wenn er mehr sage. An dem Abend dieses Tages kam er nicht mehr ins Polizeirevier: man fand ihn an dem Haken des Fensterkreuzes aufgehängt.

Auch hier waren die Indizien bis auf die kleinste Einzelheit dieselben wie in den andern Fällen: die Beine baumelten auf den Fußboden, als Strick war die Gardinenschnur benutzt. Das Fenster war zu, die Türe nicht verschlossen; der Tod war in der sechsten Nachmittagsstunde eingetreten. Der Mund des Toten war weit offen und die Zunge hing heraus.

Dieser dritte Tod im Zimmer Nr. 7 hatte zur Folge, daß noch am selben Tage sämtliche Gäste aus dem Hotel Stevens auszogen, mit Ausnahme eines deutschen

Gymnasialprofessors auf Nr. 16, der aber die Gelegenheit benutzte, den Mietpreis um ein Drittel zu kürzen. Es war ein geringer Trost für Frau Dubonnet, als am anderen Tage Mary Garden, der Star der Opéra-Comique in ihrem Rénault vorfuhr und ihr die rote Gardinenschnur um zweihundert Franken abhandelte. Einmal weil das Glück brachte und dann – weil es in die Zeitungen kam.

Wenn diese Geschichte im Sommer passiert wäre, so im Juli oder August, so würde Frau Dubonnet wohl das Dreifache für ihre Schnur erzielt haben; die Blätter hätten dann gewiß wochenlang ihre Spalten mit diesem Stoff gefüllt. So aber, mitten in der Saison, Wahlen, Marokko, Persien, Bankkrach in New York, nickt weniger wie drei politische Affären – wirklich, man wußte kaum, wo man den Platz hernehmen sollte. Die Folge war, daß die Affäre der Rue Alfred Stevens eigentlich weniger besprochen wurde als sie es wohl verdiente und weiter, daß die Berichte, knapp und kurz, meist sachlich den Polizeibericht wiedergaben und sich von Übertreibungen ziemlich frei hielten.

Diese Berichte waren das einzige, was der Student der Medizin Richard Bracquemont von der Angelegenheit wußte. Eine weitere kleine Tatsache kannte er nicht; sie schien so unwesentlich, daß weder der Kommissar noch irgendein anderer der Augenzeugen sie den Reportern gegenüber erwähnt hatten. Erst später, nach dem Aben-

teuer des Mediziners, erinnerte man sich wieder daran. Als nämlich die Polizisten die Leiche des Sergeanten Charles-Maria Chaumié von dem Fensterkreuze abnahmen, kroch aus dem offenen Munde des Toten eine große schwarze Spinne heraus. Der Hausknecht knipste sie mit dem Finger fort, dabei rief er: „Pfui Teufel, wieder so ein Biest!“ – Im Verlaufe der weiteren Untersuchung – der, die auf Bracquemont Bezug hatte – sagte er dann aus, daß er, als man die Leiche des Schweizer Handlungsreisenden abgenommen habe, auf seiner Schulter eine ganz ähnliche Spinne habe laufen sehen. – – Aber hiervon wußte Richard Bracquemont nichts.

Er bezog das Zimmer erst zwei Wochen nach dem letzten Selbstmorde, an einem Sonntage, was er dort erlebte, hat er täglich gewissenhaft in einem Tagebuche vermerkt.

Das Tagebuch des Richard Bracquemont, Studenten der Medizin.

Montag, 28. Februar.

Ich bin gestern abend hier eingezogen. Ich habe meine zwei Körbe ausgepackt und mich ein wenig eingerichtet, dann bin ich zu Bett gegangen. Ich habe ausgezeichnet geschlafen; es schlug gerade neun Uhr, als mich ein Klopfen an der Türe weckte. Es war die Wirtin, die mir selbst das Frühstück brachte, sie ist wohl sehr besorgt um mich, das merkt man aus den Eiern, dem Schinken und dem ausgezeichneten Kaffee, den sie mir brachte. Ich habe mich gewaschen und angezogen, dann zugeschaut, wie der Hausknecht das Zimmer machte. Dabei habe ich meine Pfeife geraucht.

So, nun bin ich also hier. Ich weiß recht gut, daß die Sache gefährlich ist, aber ich weiß auch, daß ich gemacht bin, wenn es mir gelingt, ihr auf den Grund zu kommen. Und wenn Paris einst eine Messe wert war – so billig gewinnt man es heute nicht mehr –, so kann ich wohl mein bißchen Leben dafür aufs Spiel setzen. Hier ist eine Chance – nun gut, ich will sie versuchen.

Übrigens waren andere auch so schlau, das herauszufinden. Nicht weniger wie siebenundzwanzig Leute haben sich bemüht, teils mit der Polizei, teils direkt bei der Wirtin, das Zimmer zu bekommen; es waren drei Damen darunter. Es war also genug Konkurrenz da; wahrscheinlich alles ebenso arme Teufel wie ich selbst.

Aber ich habe „die Stelle bekommen". Warum? Ah, ich war wahrscheinlich der einzige, der der weisen Polizei mit einer – „Idee" aufwarten konnte. Eine nette Idee! Natürlich war es ein Bluff.

Diese Rapporte sind auch für die Polizei bestimmt. Und da macht es mir Spaß, den Herren gleich im Anfang zu sagen, daß ich ihnen hübsch was vorgemacht habe. Wenn der Kommissar vernünftig ist, wird er sagen: „Hm, gerade deshalb scheint der Bracquemont geeignet!“ – Übrigens ist es mir ganz gleichgültig, was er später sagt: jetzt sitze ich ja hier. Und mir scheint es ein gutes Omen, daß ich meine Tätigkeit damit begonnen habe, die Herren so gründlich zu bluffen.

Ich war auch zuerst bei Frau Dubonnet, die schickte mich zum Polizeirevier. Eine ganze Woche lang habe ich jeden Tag da herumgelungert, immer wurde mein Anerbieten „in Erwägung gezogen“ und immer hieß es, ich solle morgen wiederkommen. Die meisten meiner Konkurrenten hatten die Flinte längst ins Korn geworfen, hatten auch wohl etwas besseres zu tun, als in der muffigen Wachtstube stundenlang zu warten; der Kommissar war schon ganz ärgerlich über meine Hartnäckigkeit. Endlich sagte er mir kategorisch, daß mein Wiederkommen keinen Zweck habe. Er sei mir wie auch den anderen dankbar für meinen guten Willen, aber man habe absolut keine Verwendung für „dilettantische Laienkräfte“. Wenn ich nicht irgendeinen ausgearbeiteten Operationsplan habe –

Da sagte ich ihm, ich hätte einen solchen Operationsplan. Ich hatte natürlich gar nichts und hätte ihm kein Wörtchen erzählen können. Aber ich sagte ihm, daß ich ihm meinen Plan, der gut sei, aber recht gefährlich, und wohl auch denselben Schluß finden könne wie die Tätigkeit des Schutzmannes, nur dann mitteilen wolle, wenn er sich ehrenwörtlich bereit erkläre, ihn selbst auszuführen. Dafür bedankte er sich, er meinte, daß er durchaus keine Zeit für so etwas habe. Aber ich sah, daß ich Oberwasser bekam, als er mich fragte, ob ich ihm nicht wenigstens eine Andeutung geben wolle – –

Und das tat ich. Ich erzählte ihm einen blühenden Unsinn, von dem ich selbst eine Sekunde vorher noch gar keine Ahnung hatte; ich weiß gar nicht, woher mir plötzlich dieser seltsame Gedanke kam. Ich sagte ihm, daß unter allen Stunden der Woche es eine gäbe, die einen geheimnisvollen, seltsamen Einfluß habe. Das sei die Stunde, in der Christus aus seinem Grabe verschwunden sei, um niederzufahren zur Hölle: die sechste Abendstunde des letzten Tages der jüdischen Woche. Und er möge sich erinnern, daß es diese Stunde gewesen sei, Freitag zwischen fünf und sechs Uhr, in der alle drei Selbstmorde begangen worden seien. Mehr könne ich ihm jetzt nicht sagen, verweise ihn aber auf die Offenbarung St. Johannis.

Der Kommissar machte ein Gesicht, als ob er davon etwas verstehe, bedankte sich und bestellte mich für den Abend wieder. Ich trat pünktlich in sein Bureau; vor ihm auf dem Tische sah ich das Neue Testament liegen. Ich hatte in der Zwischenzeit dieselben Studien gemacht wie er; ich hatte die Offenbarung durchgelesen und – nicht eine Silbe davon verstanden.

Vielleicht war der Kommissar intelligenter wie ich, jedenfalls sagte er mir sehr verbindlich, daß er trotz meiner nur sehr vagen Andeutungen glaube, meinen Gedankengang zu verstehen. Und daß er bereit sei, auf meine Wünsche einzugehen und sie in jeder Weise zu fördern.

Ich muß anerkennen, daß er mir in der Tat sehr behilflich gewesen ist. Er hat das Arrangement mit der Wirtin getroffen, demzufolge ich während der Dauer meines Aufenthaltes im Hotel alles frei habe. Er hat mir einen ausgezeichneten Revolver gegeben und eine Polizeipfeife; die diensttuenden Schutzleute haben Befehl, möglichst oft durch die kleine Rue Alfred Stevens zu gehen und auf ein kleinstes Zeichen von mir hinaufzukommen. Die Hauptsache ist aber, daß er mir in dem Zimmer ein Tischtelephon hat anbringen lassen, durch das ich mit dem Polizeirevier in direkter Verbindung stehe. Da dieses kaum vier Minuten entfernt ist, kann ich also jederzeit schnellste Hilfe haben. Bei alledem verstehe ich nicht recht, vor was ich Angst haben sollte.

Dienstag, 1. März.

Vorgefallen ist nichts, weder gestern noch heute. Frau Dubonnet hat eine neue Gardinenschnur gebracht aus einem anderen Zimmer – sie hat ja genug leer stehen. Sie benutzt überhaupt jede Gelegenheit, um zu mir zu kommen; jedesmal bringt sie etwas mit. Ich habe mir noch einmal in allen Einzelheiten die Vorkommnisse erzählen lassen, aber nichts Neues erfahren. Bezüglich der Todesursachen hat sie ihre eigene Meinung. Was den Artisten angehe, so glaube sie, daß es sich um eine unglückliche Liebschaft handele; als er im letzten Jahre bei ihr gewesen, sei häufig eine junge Dame zu ihm gekommen, die sich aber diesmal nicht habe blicken lassen. Was dem Schweizer Herrn seinen Entschluß eingegeben habe, wisse sie freilich nicht – – man könne ja aber auch nicht alles wissen. Aber der Sergeant habe ganz gewiß den Selbstmord nur begangen, um sie zu ärgern. Ich muß sagen, daß diese Erklärungen der Frau Dubonnet etwas dürftig sind. Aber ich habe sie ruhig schwatzen lassen; immerhin unterbricht sie meine Langeweile.

Donnerstag, 3. März.

Noch immer gar nichts. Der Kommissar klingelt ein paar mal am Tage an, ich sage ihm dann, daß es mir ausgezeichnet gehe; offenbar befriedigt ihn diese Auskunft nicht ganz. Ich habe meine medizinischen Bücher herausgenommen und studiere; so hat meine freiwillige Haft doch einen Zweck auf alle Fälle.

Freitag, 4. März, 2 Uhr nachmittags.

Ich habe ausgezeichnet zu Mittag gespeist; dazu hat mir die Wirtin eine halbe Flasche Champagner gebracht; es war eine richtige Henkersmahlzeit. Sie betrachtet mich als schon dreiviertel tot. Ehe sie ging, hat sie mich weinend gebeten, mitzukommen; sie fürchtete wohl, daß ich mich auch noch aufhängen würde, „um sie zu ärgern".

Ich habe mir eingehend die neue Gardinenschnur betrachtet. Daran also soll ich mich gleich aufhängen! Hm, ich verspüre wenig Lust dazu. Dabei ist die Schnur rauh und hart und zieht sich sehr schlecht in der Schlinge, man muß schon einen recht guten Willen haben, um das Beispiel der anderen nachzuahmen. Jetzt sitze ich an meinem Tisch, links steht das Telephon, rechts liegt der Revolver. Furcht habe ich gar nicht, aber neugierig bin ich.

6 Uhr abends.

Nichts ist passiert, beinahe hätte ich geschrieben – leider! Die verhängnisvolle Stunde kam und ging – und sie war wie alle anderen. Freilich kann ich nicht leugnen, daß ich manchmal einen gewissen Drang verspürte, zum Fenster zu gehen – o ja, aber aus anderen Gründen! – Der Kommissar klingelte zwischen 5 und 6 Uhr wenigstens zehnmal an, er war ebenso ungeduldig wie ich selbst. Aber Frau Dubonnet ist vergnügt: eine Woche hat jemand auf Nr. 7 gewohnt, ohne sich aufzuhängen. Fabelhaft!

Montag, 7. März.

Ich bin nun überzeugt, daß ich nichts entdecken werde und neige der Ansicht zu, daß es sich bei den Selbstmorden meiner Vorgänger nur um einen seltsamen Zufall gehandelt hat. Ich habe den Kommissar gebeten, nochmals in allen drei Fällen eingehende Nachforschungen veranlassen zu wollen, ich bin überzeugt, daß man schließlich doch die Gründe finden wird. – was mich anbetrifft, so werde ich so lange wie möglich hier bleiben. Paris werde ich freilich hier nicht erobern, aber ich lebe umsonst hier und mäste mich ordentlich an. Dazu studiere ich tüchtig, ich merke ordentlich, wie ich in Schuß komme. Und endlich habe ich noch einen Grund, der mich hier hält.

Mittwoch, den 9. März.

Also ich bin einen Schritt weitergekommen. Clarimonde –

Ach so, ich habe von Clarimonde noch nichts erzählt. Also sie ist mein „dritter Grund“, hier zu bleiben, und sie ist es auch, wegen der ich in jener „verhängnisvollen“ Stunde gerne zum Fenster gegangen wäre – aber gewiß nicht, um mich aufzuhängen. Clarimonde – warum nenne ich sie nur so? ich habe keine Ahnung wie sie heißt, aber es ist mir, als müsse ich sie Clari-

monde nennen. Und ich möchte wetten, daß sie sich wirklich so nennt, wenn ich sie einmal nach ihrem Namen frage.

Ich habe Clarimonde gleich in den ersten Tagen bemerkt. Sie wohnt auf der anderen Seite der sehr schmalen Straße und ihr Fenster liegt dem meinen gerade gegenüber. Da sitzt sie hinter den Vorhängen. Übrigens muß ich feststellen, daß sie mich früher beobachtete, wie ich sie, und sichtlich ein Interesse für mich bewies. Kein Wunder, die ganze Straße weiß ja, daß ich hier wohne und weshalb, dafür hat Frau Dubonnet schon gesorgt.

Ich bin wirklich keine sehr verliebte Natur und meine Beziehungen zur Frau sind immer sehr kärglich gewesen. Wenn man aus Verdun nach Paris kommt, um Medizin zu studieren und dabei kaum soviel Geld hat, um sich alle drei Tage einmal satt zu essen, dann hat man an etwas anderes zu denken, als an die Liebe. Ich habe also nicht viel Erfahrungen und vielleicht habe ich diese Sache ziemlich dumm angefangen. Immerhin, mir gefällt sie, so wie sie ist.

Im Anfang ist mir gar nicht der Gedanke gekommen, mein Gegenüber in irgendwelche Beziehungen zu mir zu bringen. Ich habe mir nur gedacht, da ich nun doch einmal hier sei, um zu beobachten, und sonst mit dem besten Willen nichts zu erforschen habe, so könne ich gerade so gut mein Gegenüber beobachten. Den ganzen Tag lang kann man ja doch nicht über den Büchern sitzen. Ich habe also festgestellt, daß Clarimonde die kleine Etage augenscheinlich allein bewohnt. Sie hat drei Fenster, aber sie sitzt nur an dem Fenster, das dem meinen gegenüber liegt; sie sitzt da und spinnt, an einem kleinen altmodischen Rocken. Ich habe so einen Spinnrocken einmal bei meiner Großmutter gesehen; aber die hatte ihn auch nie gebraucht, ihn nur geerbt von irgendeiner Urtante: ich wußte gar nicht, daß man heute noch damit arbeitet.

Übrigens ist der Spinnrocken von Clarimonde ein ganz kleines, feines Ding, weiß und scheinbar aus Elfenbein; es müssen ungeheuer zarte Fäden sein, die sie macht. Sie sitzt den ganzen Tag hinter den Vorhängen und arbeitet unaufhörlich, erst wenn es dunkel wird, hört sie auf. Freilich wird es sehr früh dunkel in diesen Nebeltagen in der engen Straße, um fünf Uhr schon haben wir die schönste Dämmerung. Licht habe ich nie gesehen in ihrem Zimmer.

Wie sie aussieht – Ja, das weiß ich nicht recht. Sie trägt die schwarzen Haare in Wellenlocken und ist ziemlich bleich. Die Nase ist schmal und klein und die Flügel bewegen sich. Auch ihre Lippen sind bleich, und es scheint mir, als ob die kleinen Zähne zugespitzt wären wie bei Raubtieren. Die Lider schatten tief, aber wenn sie sie aufschlägt, leuchten ihre großen, dunklen Augen. Doch fühle ich das alles viel mehr, als ich es wirklich weiß. Es ist schwer, etwas genau zu erkennen hinter den Vorhängen.

Noch etwas: sie trägt stets ein schwarzes geschlossenes Kleid; große lilae Tupfen sind darauf. Und immer hat sie lange schwarze Handschuhe an, wohl um die Hände nicht bei der Arbeit zu verderben. Es sieht seltsam aus, wie die schmalen schwarzen Finger, schnell, scheinbar durcheinander, die Fäden nehmen und ziehen – wirklich, beinahe wie ein Gekrabbele von Insektenbeinen.

Unsere Beziehungen zueinander? Nun, eigentlich sind sie recht oberflächlich, und doch kommt es mir vor, als wenn sie viel tiefer wären. Es fing wohl so an, daß sie zu meinem Fenster hinübersah – und ich zu dem ihren. Sie beobachtete mich – und ich sie. Und dann muß ich ihr wohl ganz gut gefallen haben, denn eines Tages, als ich sie wieder so anschaute, lächelte sie, ich natürlich auch. Das ging so ein paar Tage lang, immer öfter und öfter lächelten wir uns zu. Dann habe ich mir fast stündlich vorgenommen, sie zu grüßen; ich weiß nicht recht, was mich immer wieder davon abhielt. Endlich habe ich es doch getan, heute nachmittag. Und Clarimonde hat wieder gegrüßt. Nur ganz leise freilich, aber ich habe es wohl gesehen, wie sie genickt hat.

Donnerstag, 10. März.

Gestern bin ich lange aufgesessen über den Büchern. Ich kann nicht gerade sagen, daß ich viel studiert habe:

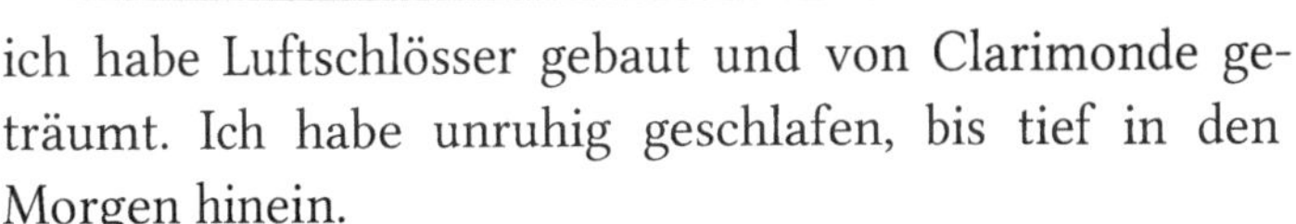

ich habe Luftschlösser gebaut und von Clarimonde geträumt. Ich habe unruhig geschlafen, bis tief in den Morgen hinein.

Als ich ans Fenster trat, saß Clarimonde da. Ich grüßte und sie nickte wieder. Sie lächelte und sah mich lange an.

Ich wollte arbeiten, aber ich fand die Ruhe nicht. Ich setzte mich ans Fenster und starrte sie an. Da sah ich, wie auch sie die Hände in den Schoß legte. Ich zog an der Schnur die weiße Gardine zurück und – im selben Augenblicke fast – tat sie das gleiche. Wir lächelten beide und sahen uns an.

Ich glaube, wir haben wohl eine Stunde so gesessen.

Dann spann sie wieder.

Samstag, 12. März.

Diese Tage gehen so hin. Ich esse und trinke, ich setze mich an den Arbeitstisch. Ich brenne dann meine Pfeife an und beuge mich über ein Buch. Aber ich lese keine Silbe. Ich versuche immer wieder, aber ich weiß zuvor, daß es gar nichts fruchten wird. Dann gehe ich ans Fenster. Ich grüße, Clarimonde dankt, wir lächeln und starren uns an, stundenlang –

Gestern nachmittag um die sechste Stunde war ich ein wenig unruhig. Die Dämmerung brach sehr früh herein und ich fühlte eine gewisse Angst. Ich saß an

meinem Schreibtisch und wartete. Ich fühlte einen fast unbezwinglichen Drang zum Fenster – nicht um mich aufzuhängen freilich, sondern um Clarimonde anzusehen. Ich sprang auf und stellte mich hinter die Gardine. Nie, scheint es mir, habe ich sie so deutlich gesehen, trotzdem es schon recht dunkel war. Sie spann, aber ihre Augen schauten zu mir herüber. Ich fühlte ein seltsames Wohlbehagen und eine ganz leise Angst.

Das Telephon klingelte. Ich war wütend auf den albernen Kommissar, der mich mit seinen dummen Fragen aus meinen Träumen riß.

Heute morgen besuchte er mich, zusammen mit Frau Dubonnet. Sie ist zufrieden genug mit meiner Tätigkeit, es genügt ihr vollständig, daß ich nun schon zwei Wochen lang lebe im Zimmer Nr. 7. Der Kommissar aber will außerdem noch Resultate. Ich habe geheimnisvolle Andeutungen gemacht, daß ich einer höchst seltsamen Sache auf der Spur sei; der Esel hat mir alles geglaubt. Auf jeden Fall kann ich noch wochenlang hier bleiben – und das ist mein einziger Wunsch. Nicht wegen Frau Dubonnets Küche und Keller – Herrgott, wie rasch wird einem das gleichgültig, wenn man immer satt ist! – nur wegen ihres Fensters, das sie haßt und fürchtet, und das ich so liebe, dieses Fenster, das mir Clarimonde zeigt.

Wenn ich die Lampe angesteckt habe, sehe ich sie nicht mehr. Ich habe mir die Augen ausgeguckt, um zu sehen, ob sie ausgeht, aber ich habe sie nie einen Schritt auf die Straße setzen sehen. Ich habe einen großen bequemen Lehnstuhl und einen grünen Schirm über der Lampe, dessen Schein mich warm einhüllt. Der Kommissar hat mir ein großes Paket Tabak gebracht, ich habe nie so guten geraucht – – und trotzdem kann ich nicht arbeiten. Ich lese zwei, drei Seiten, und wenn ich zu Ende bin, weiß ich, daß ich nicht ein Wort verstanden habe. Nur das Auge nimmt die Buchstaben auf, mein Hirn lehnt aber jeden Begriff ab. Komisch! Als ob es ein Schild trage: Eingang verboten. Als ob es keinen anderen Gedanken mehr zulasse als den einen: Clarimonde –

Endlich schiebe ich die Bücher weg, lehne mich tief zurück in meinen Sessel und träume.

Sonntag, 13. März.

Heute morgen habe ich ein kleines Schauspiel gesehen. Ich ging im Korridor auf und ab, während der Hausknecht mein Zimmer in Ordnung brachte. Vor dem kleinen Hoffenster hängt ein Spinnweb, eine dicke Kreuzspinne sitzt darin. Frau Dubonnet läßt sie nicht wegfangen: Spinnen bringen Glück, und sie hatte gerade genug Unglück in ihrem Hause. Da sah ich, wie eine andere, viel kleinere Spinne, vorsichtig um das Netz herumlief, ein Männchen. Behutsam ging es ein wenig auf dem schwanken Faden der Mitte zu, aber so wie das Weibchen sich nur rührte, zog es sich schleunigst zurück. Lief an ein anderes Ende und versuchte von neuem, sich zu nähern. Endlich schien das starke Weibchen in der Mitte seinen Werbungen Gehör zu schenken, es rührte sich nicht mehr. Das Männchen zupfte erst leise, dann stärker an einem Faden, so daß das ganze Netz zitterte; aber seine Angebetete blieb ruhig. Da kam es schnell, aber unendlich vorsichtig näher heran. Das Weibchen empfing es still und ließ sich ruhig, ganz hingebend, seine zärtliche Umarmung gefallen; unbeweglich hingen sie beide minutenlang mitten in dem großen Netz.

Dann sah ich, wie das Männchen langsam sich löste, ein Bein ums andere; es war, als wolle es sich still zurückziehen und die Gefährtin allein lassen in dem Liebestraum. Plötzlich ließ es ganz los, und lief, so schnell es nur konnte, hinaus aus dem Netz. Aber in demselben Augenblicke kam ein wildes Leben in das Weibchen, rasch jagte es nach. Das schwache Männchen ließ sich an einem Faden herab, gleich machte die Geliebte das Kunststück nach. Beide fielen auf das Fensterbrett, mit dem Aufgebot all seiner Kräfte suchte das Männchen zu entkommen. Zu spät, schon faßte es mit starkem Griff die Gefährtin und trug es wieder hinauf in das Netz, gerade in die Mitte. Und dieser selbe Platz, der eben als Bett gedient hatte für wollüstige Begierde, sah nun ein ander Bild. Vergeblich zappelte der Liebhaber, streckte immer wieder die schwachen Beinchen aus, suchte sich zu entwinden aus dieser wilden Umarmung: die Gelieb-

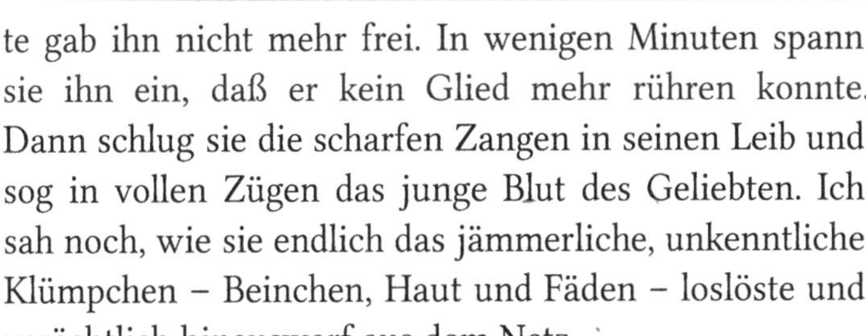

te gab ihn nicht mehr frei. In wenigen Minuten spann sie ihn ein, daß er kein Glied mehr rühren konnte. Dann schlug sie die scharfen Zangen in seinen Leib und sog in vollen Zügen das junge Blut des Geliebten. Ich sah noch, wie sie endlich das jämmerliche, unkenntliche Klümpchen – Beinchen, Haut und Fäden – loslöste und verächtlich hinauswarf aus dem Netz.

So also ist die Liebe bei diesen Tieren – nun, ich bin froh, daß ich kein Spinnenjüngling bin.

Montag, 14. März.

Ich werfe keinen Blick mehr in meine Bücher. Nur am Fenster verbringe ich meine Tage. Und wenn es dunkel ist, bleibe ich auch sitzen. Sie ist nicht mehr da, aber ich schließe die Augen und sehe sie doch –

Hm, dies Tagebuch ist wirklich ganz anders geworden, als ich es mir vorstellte. Es erzählt von Frau Dubonnet und dem Kommissar, von Spinnen und von Clarimonde. Aber nicht eine Silbe über die Entdeckung, die ich machen wollte. – Kann ich dafür?

Dienstag, 15. März.

Wir haben ein seltsames Spiel gefunden, Clarimonde und ich; wir spielen es den ganzen Tag lang. Ich grüße

sie, sogleich grüßt sie zurück. Dann trommle ich mit der Hand gegen die Scheiben, sie sieht es kaum und schon beginnt sie auch zu trommeln. Ich winke ihr zu, sie winkt wieder; ich bewege die Lippen, als ob ich zu ihr spreche und sie tut dasselbe. Dann streiche ich von der Schläfe mein Haar zurück und schon ist auch ihre Hand an der Stirne. Ein richtiges Kinderspiel, und wir lachen beide darüber. Das heißt – eigentlich lacht sie nicht, es ist ein Lächeln, still, hingebend – genau so glaube ich selbst zu lächeln.

Übrigens ist alles nicht ganz so dumm, wie es den Anschein hat. Es ist nicht nur ein reines Nachmachen, ich glaube, das würden wir beide bald leid werden; es muß wohl eine gewisse Gedankenübertragung dabei eine Rolle spielen. Denn Clarimonde folgt meinen Bewegungen in dem kleinsten Bruchteil einer Sekunde, sie hat kaum Zeit, sie zu sehen und führt sie schon selbst aus; manchmal scheint es mir, als ob es gleichzeitig wäre. Das ist es, was mich reizt, immer etwas ganz Neues, Unvorgesehenes zu machen, es ist verblüffend, wie sie zugleich dasselbe tut. Manchmal versuche ich, sie aufs Glatteis zu führen. Ich mache eine Menge von verschiedenen Bewegungen schnell hintereinander; dann dieselben noch einmal und wieder. Schließlich mache ich zum vierten Male dieselbe Reihe, aber wechsle die Folge der Bewegungen oder ich mache eine anders, oder lasse eine aus. So wie Kinder, die „Alle Vögel fliegen“ spielen. Es ist ganz merkwürdig, daß Clarimonde auch nicht ein

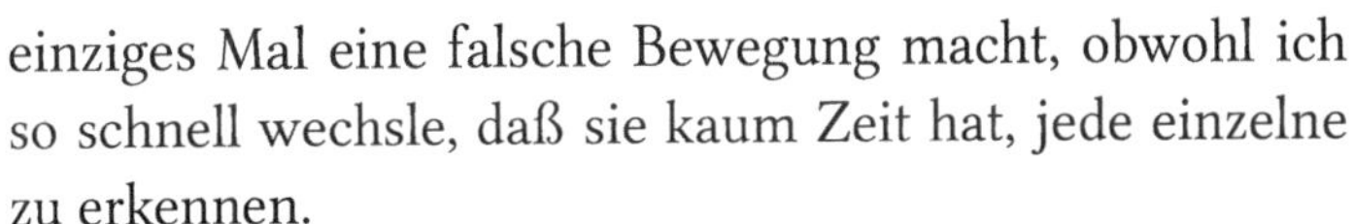

einziges Mal eine falsche Bewegung macht, obwohl ich so schnell wechsle, daß sie kaum Zeit hat, jede einzelne zu erkennen.

Damit verbringe ich meinen Tag. Aber ich habe keine Sekunde das Gefühl, daß ich unnütz die Zeit totschlage; es ist mir im Gegenteil so, als ob ich nie etwas wichtigeres getrieben habe.

Mittwoch, 16. März.

Ist es nicht komisch, daß mir nie ernsthaft der Gedanke kommt, meine Beziehungen zu Clarimonde auf eine etwas vernünftigere Basis zu stellen, als diese stundenlangen Spielereien? Letzte Nacht dachte ich darüber nach. Ich kann doch einfach Hut und Mantel nehmen und hinuntergehen, zwei Treppen. Fünf Schritte über die Straße, dann wieder zwei Treppen. An der Türe ist ein kleines Schild, darauf steht „Clarimonde – –“. Clarimonde – was? Ich weiß nicht: was! aber Clarimonde steht da. Dann klopfe ich und dann –

Soweit kann ich mir alles genau vorstellen, jede kleinste Bewegung, die ich mache, sehe ich vor mir. Aber ich kann mir durchaus kein Bild machen, was dann weiter kommen soll. Die Türe öffnet sich, das sehe ich noch. Aber ich bleibe davor stehen und blicke hinein in ein Dunkel, das nichts, aber auch gar nichts erkennen läßt. Sie kommt nicht – nichts kommt; es ist überhaupt gar nichts da. Nur dieses schwarze undurchdringliche Dunkel.

Mir ist manchmal, als ob es eine andere Clarimonde gar nicht gäbe, als die ich dort am Fenster sehe und die mit mir spielt. Ich kann mir gar nicht vorstellen, wie diese Frau aussehen würde im Hute oder einem anderen Kleide, als ihrem schwarzen, mit den großen lila Tupfen; nicht einmal ohne ihre Handschuhe kann ich sie mir denken. Wenn ich sie auf der Straße sehen sollte, oder gar in einem Restaurant, essend, trinkend, plaudernd – – ich muß ordentlich lachen, so unmöglich erscheint mir das Bild.

Manchmal frage ich mich, ob ich sie liebe. Ich kann das nicht recht beantworten, da ich ja noch nie geliebt habe. Ist aber das Gefühl, das ich zu Clarimonde habe, wirklich – Liebe, so ist sie jedenfalls ganz, ganz anders, als ich sie bei meinen Kameraden gesehen oder aus Romanen kennen gelernt habe.

Es wird mir sehr schwer, meine Empfindungen festzustellen. Es wird mir überhaupt schwer, an etwas zu denken, das sich nicht auf Clarimonde bezieht, oder vielmehr – – auf unser Spiel. Denn es läßt sich nicht leugnen, es ist eigentlich dieses Spiel, das mich immer beschäftigt, nichts anderes. Und das ist es, was ich am wenigsten begreife.

Clarimonde – – ja, ich fühle mich zu ihr hingezogen. Aber da hinein mischt sich ein anderes Gefühl, so, als ob ich mich fürchte. Fürchte? Nein, das ist es auch nicht, es ist eher eine Scheu, eine leise Angst vor irgend etwas, das ich nicht weiß. Und gerade diese Angst ist es, die etwas seltsam Bezwingendes, merkwürdig Wollüstiges hat, die mich von ihr abhält und doch näher zu ihr hinzieht. Mir ist, als liefe ich in großem Kreise weit um sie herum, käme hier ein wenig näher, zöge mich wieder zurück, liefe weiter, ginge an einer anderen Stelle vor und dann schnell wieder zurück. Bis ich endlich – und das weiß ich ganz gewiß – doch einmal hin muß zu ihr.

Clarimonde sitzt am Fenster und spinnt. Fäden, lange, dünne, unendlich feine Fäden. Sie macht ein Gewebe daraus, ich weiß nicht, was es werden soll. Und ich kann nicht begreifen, wie sie dies Netz machen kann, ohne immer wieder die zarten Fäden zu verwirren und zu zerreißen. Es sind wunderliche Muster in ihrer feinen Arbeit, Fabeltiere und merkwürdige Fratzen.

Übrigens – was schreibe ich da? Richtig ist, daß ich gar nicht sehen kann, was sie eigentlich spinnt; viel zu fein sind die Fäden. Und doch fühle ich, daß ihre Arbeit genau so ist, wie ich sie sehe – – wenn ich die Augen schließe. Genau so. Ein großes Netz und viele Geschöpfe darin, Fabeltiere und merkwürdige Fratzen –

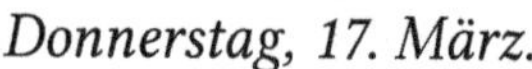

Donnerstag, 17. März.

Ich bin in einer merkwürdigen Aufregung. Ich spreche mit keinem Menschen mehr; selbst Frau Dubonnet und dem Hausknecht sage ich kaum mehr guten Tag. Kaum lasse ich mir die Zeit um zu essen; ich mag nur noch am Fenster sitzen, mit ihr zu spielen. Es ist ein aufregendes Spiel, wirklich, das ist es. Und ich habe ein Gefühl, als müsse morgen etwas vorfallen.

Freitag, 18. März.

Ja, ja, es muß etwas passieren heute –. Ich sage mir vor – ganz laut spreche ich zu mir, um meine Stimme zu hören – daß ich ja deshalb hier sei. Aber das Schlimme ist: ich habe Angst. Und diese Angst, daß mir etwas Ähnliches zustoßen könne, wie meinen Vorgängern in diesem Raume, mischt sich seltsam in die andere Angst: die vor Clarimonde. Ich kann sie kaum auseinanderhalten.

Ich habe Furcht, schreien möchte ich.

6 Uhr abends.

Rasch ein paar Worte, in Hut und Mantel.

Als es fünf Uhr war, war ich zu Ende mit meiner

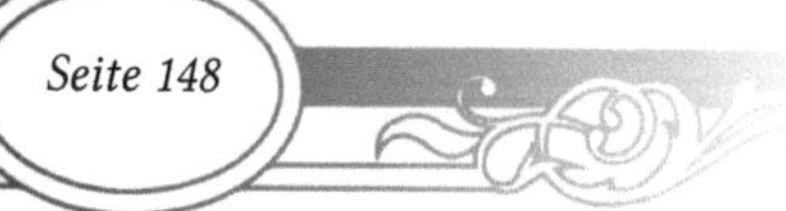

Kraft. Oh, ich weiß es jetzt gewiß, daß es irgendeine Bewandtnis haben muß mit dieser sechsten Stunde des vorletzten Wochentages – jetzt lache ich nicht mehr über den Schwindel, den ich dem Kommissar vormachte. Ich saß auf meinem Sessel, mit Gewalt hielt ich mich da fest. Aber es zog mich, riß mich fast zum Fenster. Ich mußte spielen mit Clarimonde – und dann wieder diese gräßliche Angst vor dem Fenster. Ich sah sie da hängen, den Schweizer Kommis, groß, mit dickem Halse und grauem Stoppelbart. Und den schlanken Artisten und den untersetzten kräftigen Sergeanten. Alle drei sah ich, einen nach dem anderen und dann zusammen alle drei, an demselben Haken, mit offenen Mündern und weit herausgestreckten Zungen. Und dann sah ich mich selbst, mitten unter ihnen.

O diese Angst!

Ich fühlte wohl, daß ich sie ebensosehr vor dem Fensterkreuz hatte und dem gräßlichen Haken da oben, wie vor Clarimonde. Sie mag mir verzeihen, aber es ist so: in meiner schmählichen Furcht mischte ich sie immer hinein in das Bild der drei, die da hingen, die Beine tief schleifend auf dem Boden.

Das ist wahr, ich fühlte keinen Augenblick in mir einen Wunsch, eine Sehnsucht, mich zu erhängen; ich hatte auch keine Furcht davor, daß ich das tun möchte. Nein – ich hatte nur Angst vor dem Fenster selbst – und vor Clarimonde – vor etwas Schrecklichem, Ungewissen, das jetzt kommen mußte. Ich hatte den leiden-

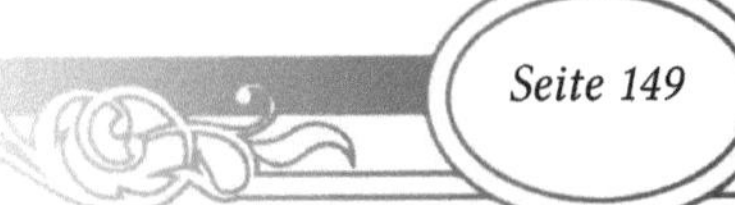

schaftlichen, unbezwingbaren Wunsch, aufzustehen und doch ans Fenster zu gehen. Und ich mußte es tun –

Da schellte das Telephon. Ich nahm die Muschel, und ehe ich noch ein Wort hören konnte, schrie ich selbst hinein: „Kommen! Sofort kommen!"

Es war, als ob der Schrei meiner gellenden Stimme im Augenblicke alle Schatten in die letzten Ritzen des Fußbodens jagte. Ich war ruhig im Augenblick. Ich wischte mir den Schweiß von der Stirne und trank ein Glas Wasser; dann überlegte ich, was ich dem Kommissar sagen solle, wenn er komme. Endlich ging ich ans Fenster, grüßte und lächelte.

Und Clarimonde grüßte und lächelte.

Fünf Minuten später war der Kommissar da. Ich erzählte ihm, daß ich endlich der Geschichte auf den Grund komme, heute möge er mich noch mit Fragen verschonen, aber ich würde ihm gewiß in kurzem merkwürdige Enthüllungen geben können. Das Komische dabei war, daß, als ich ihm das vorlog, ich durchaus überzeugt war, daß ich die Wahrheit sage. Und daß ich es jetzt noch fast so fühle – – entgegen meinem besseren Wissen.

Er bemerkte wohl meinen etwas sonderbaren Gemütszustand, besonders, als ich mich wegen meines ängstlichen Schreies ins Telephon zu entschuldigen und ihn möglichst natürlich zu erklären versuchte – – und noch nicht recht einen Grund dafür fand. Er meinte sehr liebenswürdig, ich solle durchaus keine Rücksicht auf ihn nehmen; er stände mir immer zur Verfügung, das sei seine Pflicht. Lieber komme er ein Dutzend Mal vergebens, als daß er einmal auf sich warten lasse, wenn es nötig wäre. Dann lud er mich ein, heute abend mit ihm auszugehen, das würde mich zerstreuen; es sei nicht gut, wenn ich immer so ganz allein sei. Ich habe angenommen – obwohl es mir schwer fiel; ich mag mich nicht gerne trennen von diesem Zimmer.

Samstag, 19. März.

Wir waren in der Gaieté Rochechouart, in der Cigale und in der Lune Rousse. Der Kommissar hatte recht gehabt: es war gut für mich, daß ich einmal hier heraus kam, andere Luft atmete. Anfangs hatte ich ein recht unangenehmes Gefühl, so, als ob ich etwas Unrechtes tue, als ob ich ein Deserteur sei, der der Fahne den Rücken gekehrt habe. Dann aber legte sich das; wir tranken viel, lachten und schwatzten.

Als ich heute morgen ans Fenster trat, glaubte ich in Clarismondens Blick einen Vorwurf zu lesen. Vielleicht aber bilde ich mir das nur ein: woher soll sie denn überhaupt wissen, daß ich gestern nacht aus war! Übrigens dauerte das nur einen Augenblick, dann lächelte sie wieder.

Den ganzen Tag haben wir gespielt.

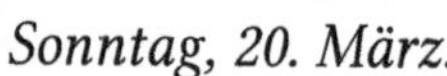

Sonntag, 20. März.

Ich kann heute nur wieder schreiben: den ganzen Tag haben wir gespielt.

Montag, 21. März.

Den ganzen Tag haben wir gespielt.

Dienstag, 22. März.

Ja, und das haben wir auch heute getan. Nichts, gar nichts anderes. – Zuweilen frage ich mich – wozu eigentlich, warum? Oder: was will ich eigentlich, wohin soll das führen? Aber ich gebe mir nie eine Antwort darauf. Denn es ist gewiß, daß ich nichts anderes wünsche, als gerade das. Und das, was auch immer kommen mag, ist es – – wonach ich mich sehne.

Wir haben miteinander gesprochen in diesen Tagen, freilich kein lautes Wort. Manchmal haben wir die Lippen bewegt, öfter nur uns angesehen. Aber wir haben uns sehr gut verstanden.

Ich hatte recht gehabt: Clarimonde machte mir Vorwürfe, weil ich weglief am letzten Freitage. Dann habe ich sie um Verzeihung gebeten und gesagt, daß ich es einsähe, daß es dumm von mir gewesen sei und häßlich. Sie hat mir verziehen und ich habe ihr versprochen, daß ich nie mehr weggehen wolle von diesem Fenster. Und wir haben uns geküßt, haben die Lippen lange an die Scheiben gedrückt.

Mittwoch, 23. März.

Ich weiß jetzt, daß ich sie liebe. Es muß so sein, ich bin durchdrungen von ihr bis in die letzte Fiber. Mag sein, daß die Liebe anderer Menschen anders ist. Aber gibt es einen Kopf, ein Ohr nur, eine Hand, die irgendeiner anderen von tausend Millionen gleich wäre? Alle sind verschieden, so mag auch keine Liebe der anderen gleich sein. Absonderlich ist meine Liebe, das weiß ich wohl. Aber ist sie darum weniger schön? Beinahe bin ich glücklich in dieser Liebe.

Wenn nur nicht die Angst wäre! Manchmal schläft sie ein, dann vergesse ich sie. Aber nur auf Minuten, dann wacht sie wieder und läßt mich nicht los. Sie kommt mir vor, wie ein armseliges Mäuslein, das gegen eine große schöne Schlange kämpft, sich entwinden will ihrer starken Umarmungen.

Warte nur, du dumme kleine Angst, bald wird diese große Liebe dich fressen.

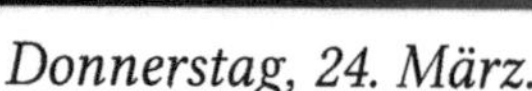

Donnerstag, 24. März.

Ich habe eine Entdeckung gemacht: ich spiele nicht mit Clarimonde – sie spielt mit mir.

So kam es.

Gestern abend dachte ich – wie immer – an unser Spiel. Da habe ich mir fünf neue verzwickte Folgen aufgeschrieben, mit denen ich sie am Morgen überraschen wollte, jede Bewegung trug eine Nummer. Ich übte sie mir ein, um sie möglichst schnell machen zu können, vorwärts und dann rückwärts. Dann nur die geraden Ziffern und dann nur die ungeraden, und alle ersten und letzten Bewegungen der fünf Folgen. Es war sehr mühselig, aber es machte mir viel Freude, brachte es mich doch Clarimonde näher, auch wenn ich sie nicht sah. Stundenlang übte ich so, aber endlich ging es wie am Schnürchen.

Heute morgen nun trat ich ans Fenster. Wir grüßten uns, dann begann das Spiel. Hinüber, herüber, es war unglaublich, wie schnell sie mich verstand, wie sie im selben Augenblicke fast alles tat, was ich machte.

Da klopfte es; es war der Hausknecht, der mir die Stiefel brachte. Ich nahm sie an; wie ich zum Fenster zurückging, fiel mein Blick auf das Blatt, auf dem ich meine Folgen notiert hatte. Und da sah ich, daß ich soeben nicht eine einzige all dieser Bewegungen ausgeführt hatte.

Ich taumelte beinahe, ich faßte die Lehne des Sessels und ließ mich hineinfallen Ich glaubte es nicht, las das Blatt wieder und wieder – – Aber es war so: ich hatte soeben am Fenster eine Reihe von Folgen gespielt – und nicht eine von meinen.

Und ich hatte wieder das Gefühl: eine Tür öffnet sich weit – ihre Türe. Ich stehe davor und starre hinein – – nichts, nichts – nur dieses leere Dunkel. Dann wußte ich: wenn ich jetzt hinausgehe, bin ich gerettet; und ich empfand wohl, ich konnte jetzt gehen. Trotzdem ging ich nicht. Das war, weil ich das bestimmte Gefühl hatte: du hältst das Geheimnis. Fest in beiden Händen. – Paris – du wirst Paris erobern!

Einen Augenblick war Paris stärker als Clarimonde.

– – Ach, jetzt denke ich kaum mehr daran. Jetzt fühle ich nur meine Liebe und in ihr diese stille, wollüstige Angst.

Aber in dem Augenblicke gab es mir Kraft. Ich las mir noch einmal meine erste Folge durch und prägte mir jede Bewegung deutlich ein. Dann ging ich zurück ans Fenster.

Genau gab ich acht auf das, was ich tat: es war keine Bewegung darunter, die ich ausführen wollte.

Dann nahm ich mir vor, den Zeigefinger an der Nase zu reiben. Aber ich küßte die Scheibe. Ich wollte trommeln auf der Fensterbank, aber ich fuhr mit der Hand durch das Haar. Es war also gewiß, nicht Clarimonde machte das nach, was ich tat: ich tat vielmehr das, was

sie mir vormachte. Und tat es so schnell, so blitzartig, daß es fast zur selben Sekunde geschah, daß ich mir auch jetzt noch manchmal einbildete, von mir aus wäre die Willensäußerung ausgegangen.

Ich also, der so stolz darauf war, ihre Gedanken zu beeinflussen, ich bin es, der so ganz und gar beeinflußt wird. Nur – dieser Einfluß ist so leicht, so weich, o es gibt nichts, das so wohltuend wäre.

Ich habe noch andere Versuche gemacht. Ich steckte beide Hände in die Taschen, nahm mir fest vor, sie nicht zu rühren; starrte zu ihr hinüber. Ich sah, wie sie ihre Hand hob, wie sie lächelte und mir leicht drohte mit dem Zeigefinger. Ich bewegte mich nicht. Ich fühlte, wie meine Rechte sich heben wollte aus der Tasche, aber ich krallte die Finger tief in das Futter. Dann langsam, nach Minuten lösten sich doch die Finger – und die Hand kam heraus aus der Tasche und der Arm hob sich. Und ich drohte ihr mit dem Finger und lächelte. Es war, als ob gar nicht ich selbst das tue, sondern irgendein Fremder, den ich beobachtete. Nein, nein – so war es nicht. Ich, ich tat es wohl – – und irgendein Fremder beobachtete mich. Eben der Fremde, der so stark war und die große Entdeckung machen wollte. Aber das war ich nicht –

Ich – was geht mich irgendeine Entdeckung an! Ich bin da, um zu tun, was sie will, Clarimonde, die ich liebe in köstlichster Angst.

Freitag, 25. März.

Ich habe den Telephondraht zerschnitten. Ich habe keine Lust mehr, immer gestört zu werden von dem albernen Kommissar, gerade dann, wenn die seltsame Stunde anbricht –

Herrgott – warum schreibe ich das nur! Kein Wort ist wahr davon. Es ist, als ob mir jemand die Feder führe.

Aber ich will – will – will hier das hinschreiben, was ist. Es kostet mich eine ungeheuere Überwindung. Aber ich will es tun. Nur einmal noch – das – – was ich will.

Ich habe den Telephondraht zerschnitten – – ah –

Weil ich mußte. – Da steht es, endlich! Weil ich mußte, mußte.

Wir standen am Fenster heute morgen und spielten. Unser Spiel ist anders geworden seit gestern. Sie macht irgendeine Bewegung und ich wehre mich, so lange es geht. Bis ich endlich nachgeben muß, willenlos das zu tun, was sie will. Und ich kann gar nicht sagen, welch wundervolle Lust es ist, dieses Besiegtwerden, dieses Hingeben in ihren Willen.

Wir spielten.

Und dann, plötzlich, stand sie auf, ging zurück in das Zimmer. So dunkel war es, daß ich sie nicht mehr sehen konnte; sie schien verschwunden im Dunkel. Aber gleich kam sie wieder, trug in beiden Händen ein Tischtelephon, ganz wie meines. Sie setzte es lächelnd nieder

auf das Fensterbrett, nahm ein Messer, schnitt die Schnur durch und trug es wieder zurück.

Wohl eine Viertelstunde lang habe ich mich gewehrt. Meine Angst war größer, wie je zuvor, aber um so köstlicher war dies Gefühl des langsamen Unterliegens. Und endlich brachte ich meinen Apparat, schnitt die Schnur durch und stellte ihn zurück auf den Tisch.

So ist es geschehen.

– Ich sitze an meinem Tisch; ich habe Tee getrunken, soeben hat der Hausknecht das Geschirr hinausgetragen. Ich habe ihn nach der Zeit gefragt, meine Uhr geht nicht recht. Fünf Uhr fünfzehn ist es, fünf Uhr fünfzehn –

Ich weiß, wenn ich jetzt aufsehe, wird Clarimonde irgend etwas tun. Sie wird irgend etwas tun, das ich auch tun muß.

Ich sehe doch auf. Sie steht da und lächelt. Nun – wenn ich doch den Blick wegwenden könnte! – nun geht sie zur Gardine. Sie nimmt die Schnur ab – rot ist sie, genau so wie die meines Fensters. Sie macht eine Schlinge. Sie hängt die Schnur oben an den Haken des Fensterkreuzes.

Sie setzt sich und lächelt.

– Nein, das kann man nicht mehr Angst nennen, was ich empfinde. Es ist eine entsetzliche, beklemmende Furcht, die ich doch nicht eintauschen möchte um nichts in der Welt. Es ist ein Zwang so unerhörter Art, und doch so seltsam wollüstig in seiner unentrinnbaren Grausamkeit.

Ich könnte gleich hinlaufen und das tun, was sie will. Aber ich warte, kämpfe, wehre mich. Ich fühle, wie es immer stärker wird mit jeder Minute –

So, ich sitze wieder hier.

Ich bin rasch hingelaufen und habe getan, was sie wollte: die Schnur genommen, die Schlinge gemacht und an den Haken gehängt –

Und jetzt will ich nicht mehr aufsehen, ich will nur hierhin auf das Papier starren. Denn ich weiß, was sie tun wird, wenn ich jetzt wieder sie ansehe – – jetzt in der sechsten Stunde des vorletzten Wochentages. Sehe ich sie, so muß ich tun, was sie will, ich muß dann – –

Ich will sie nicht ansehen – –

Da lache ich – laut. Nein, ich lache nicht, irgend etwas lacht in mir. Ich weiß weshalb: über dieses „Ich will nicht – –"

Ich will nicht und weiß doch ganz sicher, daß ich muß. Ich muß sie ansehen, muß, muß es tun – – – und dann – – das übrige.

Ich warte nur, um diese Qualen noch länger auszudehnen, ja das ist es. Diese atemlosem Leiden, die höchste Wollust sind. Ich schreibe, schnell, schnell, um noch länger hier zu sitzen, um diese Sekunden der Schmerzen auszudehnen, die meiner Liebe Lüste ins Unendliche steigern –

Noch mehr, noch länger – –

Wieder die Angst, wieder! Ich weiß, ich werde sie ansehen, werde aufstehen, werde mich erhängen: nicht davor fürchte ich mich. O nein – das ist schön, das ist köstlich.

Aber etwas, irgend etwas anderes ist noch da – was hernach kommt. Ich weiß nicht, was es sein wird – aber es kommt, es kommt ganz sicher, ganz sicher. Denn das Glück meiner Qualen ist so ungeheuer groß – o ich fühle, fühle, daß ihm ein Entsetzliches folgen muß.

Nur nicht denken –

Irgend etwas schreiben, irgend etwas, gleichgültig was. Nur schnell, nur nicht besinnen – –

Meinen Namen – Richard Bracquemont, Richard Bracquemont, Richard – – oh, ich kann nicht mehr weiter, – Richard Bracquemont – Richard Bracquemont – – jetzt – jetzt – ich muß sie ansehen – – Richard Bracquemont – ich muß – nein, noch mehr – – Richard – Richard Bracque – – –

– Der Kommissar des IX. Reviers, der auf wiederholtes telephonisches Anläuten keine Antwort erhalten hatte, betrat nun sechs Uhr fünf Minuten das Hotel Stevens. Er fand im Zimmer Nr. 7 die Leiche des Studenten Richard Bracquemont am Fensterkreuze hängen, genau in derselben Lage wie seine drei Vorgänger.

Nur das Gesicht hatte einen anderen Ausdruck; es war in gräßlicher Angst verzerrt, die Augen, weit geöffnet, drangen heraus aus den Höhlen. Die Lippen waren

auseinandergezogen, die starken Zähne fest übereinandergebissen.

Und zwischen ihnen klebte, zerbissen und zerquetscht, eine große schwarze Spinne, mit merkwürdigen violetten Tupfen.

– Auf dem Tische lag das Tagebuch des Mediziners. Der Kommissar las es und begab sich sofort in das gegenüberliegende Haus. Er stellte dort fest, daß die zweite Etage seit Monaten leer stand und unbewohnt war – –

Vampire und Wiedergänger

Ausgabe 4, April 2023

Die vierte Ausgabe des *Totenschein* beschäftigt sich mit einem klassischen Wesen der Schauerliteratur: dem Vampir. Die beiden Geschichten meiden jedoch den stereotypen Umgang mit den Wesen der Nacht.

Tanjas Story dreht sich darum, ob sie mehr sind als eiskalte Killer und ob sie fähig sind, Gefühle wie Bedauern, Reue oder sogar Liebe zu empfinden. Dabei beleuchtet sie eine Nebenfigur ihres Romans *Flapperblut.*

Carstens Wiedergänger hingegen ist auf der Suche nach etwas völlig anderem als Blut, aber nicht minder gefährlich. Die Story kann als Fortsetzung von *Totenpost* gesehen werden.

Fünf Lilien

Von Tanja Karmann

Sie hatte abseits im Schatten der Bäume gewartet, bis die Gesellschaft sich aufgelöst hatte. Viele waren es nicht gewesen, die sich zusammengefunden hatten. Eines der Mädchen, mit denen sie gearbeitet hatte. Die Vermieterin, in deren Mansarde sie gewohnt hatte. Der entfernte Onkel, der ihr jedes Jahr zu Weihnachten und zum Geburtstag eine Karte mit etwas Geld zukommen ließ, die sie alle in einer kleinen Kiste aufbewahrt hatte wie einen wertvollen Schatz. In ihren schwarzen Kleidern hatten die Trauernden dagestanden, wenn sie denn überhaupt trauerten, und den endlosen Worten des Geistlichen gelauscht, der im selben Atemzug von Gottes ewiger Liebe sprach wie von Tod und Verdammnis. Was wusste er schon.

Langsam setzte sie Fuß um Fuß vorwärts, bis sie am Rand der Grube angekommen war. Der Sarg war schlicht und lieblos zusammengezimmert. Still betrachtete sie den Strauß in ihrer Hand. Fünf weiße Lilien. Die Nachmittagshitze hatte ihnen genauso zugesetzt wie ihr. Es war gleichgültig. Sie würde sowieso nicht lächeln.

Geräuschlos fiel die erste Lilie in den Abgrund.

Sie hatte Blumen verkauft auf einer der Brücken, die über die Ljubljanica führten. Keine Lilien. Natürlich keine Lilien. Dafür Veilchen und Vergissmeinnicht, die sie vor den Toren der Stadt gepflückt hatte, um sich ein Auskommen zu schaffen.

Etwas an ihrer Gestalt hatte ihre Aufmerksamkeit erregt, und sie war stehen geblieben, um einen der ärmlichen Sträuße zu erstehen. So zart. So liebreizend. Sind die für den Liebsten? Warum hatte sie das gefragt? Ihre Stimme war keck gewesen, doch dann hatte sie den Kopf gesenkt, als schäme sie sich der eigenen Courage.

Sie habe keinen Liebsten, hatte sie leichthin geantwortet. Und die Blumen, die schenke sie sich selbst, weil heute so ein schöner Tag sei und sie so adrett.

Die zarte Röte auf ihren Wangen stand ihr gut. Was sind deine Lieblingsblumen?

Lilien, hatte sie ohne Zögern geantwortet, und sie hatte sie über die Brücke zur Altstadt hinübergeführt, wo sie ihr in einem richtigen Blumenladen fünf weiße Lilien gekauft hatte, eine prächtiger als die andere und doch keine so liebreizend wie das Gesicht, das daraufhin in ihnen versank.

Ich heiße Irena, hatte sie gesagt, und dabei zum ersten Mal gelächelt.

Irena, wiederholte sie leise und drehte den Strauß in ihrer Hand. Das Weiß der Blüten hob sich leuchtend ab gegen das dunkle Loch, in das die Sargträger die Totenkiste herabgelassen hatten, von der Gemeinde bezahlte Männer, deren Qualifikation nur darin bestand, einen halbwegs ordentlichen Anzug zu besitzen. Sie hatten ihre schwarzen Handschuhe hinterhergeworfen, als könnten sie damit den Tod abstreifen. Als wäre er etwas Unreines.

Das strahlende Weiß der Blüte bildete einen harten Kontrast zu dem schwarzen Stoff, als die zweite Lilie fiel.

Bereits am nächsten Tag waren sie spazieren gegangen im Tivoli. Sie hatte sie abgeholt, zweimal hatte sie klopfen müssen, bis Irena ihr geöffnet hatte. Sie war abergläubisch gewesen, wie so viele in dieser Stadt, doch das hatte sie nicht retten können. Sie waren über die kastaniengesäumten Alleen von Schloss Podturn nach Cekinov geschlendert, und nachdem Irena anfänglich zurückhaltend gewesen war, hatte sie zunehmend mehr von sich erzählt. Dass sie hier in der Stadt geboren worden war. Dass sie Schokolade mochte und Regen, aber keine Bienen. Dass noch nie jemand sie geküsst hatte.

Sie hingegen hatte nichts von sich preisgegeben. Auf dem Rückweg hatte sie ihr wieder Blumen geschenkt. Bei jedem ihrer Treffen hatte sie ihr Lilien gebracht, immer fünf, immer weiß. Ihr ganzes Zimmer hatte danach gerochen, auch der Flur und die Stiege, die zu ihm führte.

Und jedes Mal hatte sie gelächelt.

Auch jetzt stieg der Duft zu ihr empor. Süß und modrig wie der Tod. Drei waren es noch. Drei waren nicht richtig. Fünf mussten es sein, immer.

Sie sah hinab in die Grube, und für einen Moment überkam sie der Drang, den Lilien zu folgen, den Sargdeckel zu öffnen und zu sehen, ob Irena wirklich dort lag. Aber sie brauchte keinen Beweis. Auch wenn ein Teil ihres Verstandes sich weigerte, zu akzeptieren, wusste sie, dass man Irenas Körper in die billige Holzkiste gelegt hatte. Ebenso, wie sie wusste, dass man den Körper gewaschen und in ein Totenhemd gekleidet hatte. Vermutlich hatte man ihr auch eine Hostie in den Mund gelegt, ihre Stirn mit Zeichen bemalt oder sonst einen abergläubischen Unsinn veranstaltet, um zu verhindern, dass sie zu einem Wiedergänger wurde.

Was wussten sie schon. Niemand erhob sich je aus seinem Grab. Sie waren bereits tot, wenn sie geboren wurden.

Ein Blütenblatt löste sich, als sie die dritte Lilie hinabwarf, und segelte sanft wie eine Feder nach unten.

Zu ihren Lebzeiten hatten sich nicht viele Menschen für Irena interessiert, aber nach ihrem Tod war ihr Name in aller Munde gewesen. Sogar die Zeitungen hatten über die geheimnisvolle Tote berichtet. Man hatte sie in ihrer Wohnung gefunden. Der süßliche Geruch des Leichnams hatte sich mit dem der welkenden Blumen vermischt. Eine hatte auf Irenas nackter Brust gelegen. Der Körper sei unnatürlich bleich gewesen, hieß es, aber es habe keine Spuren gegeben, kein aufgebrochenes Schloss, keinen Tropfen Blut. Wäre der Leichenbeschauer aufmerksam gewesen, hätte er sie bemerken können, die Wundmale an den Innenseiten der glatten Schenkel, die feinen Spuren ihrer Art, doch er sah nicht hin, niemand sah hin.

Sie hatten keine Ahnung.

Sie konnte den alten Mann wittern, bevor er an ihr vorbeischlurfte, die Haut welk, die Hand zitternd. Haben Sie die Verstorbene gekannt?

Gekannt ... Ja, sie hatten sich gekannt, erkannt, in jedem Sinn.

Ein leichtes Nicken, das Verständnis bedeuten sollte. Er sei gerade am Grab seiner Frau gewesen. Dreiundfünfzig Jahre seien sie verheiratet gewesen, bevor Gott sie heimgeholt habe.

Heim ...

Sie starrte in das dunkle Loch zu ihren Füßen, das dem Hades näher war als dem Himmel.

Es gibt nichts Schlimmeres, als sein angetrautes Weib zu verlieren. Seine Stimme zitterte.

Nichts Schlimmeres, wiederholte sie leise mit einem Nicken, das Verständnis bedeuten sollte, und sah zu, wie die vierte Lilie langsam ihren Weg nach unten antrat.

Ihre Mutter hatte getobt, als sie von ihren Stelldicheins erfuhr. Denk an den Clan, hatte sie geschrien. Der Clan ist das Einzige, was wir haben. Und du trägst die Verantwortung für seinen Fortbestand. Sie hatte die Schläge ertragen, klaglos, freudig, das Bild Irenas vor Augen. Am nächsten Tag aber hatten sie Irena aufgegriffen, die Männer aus ihrem Clan. Bedroht hatten sie sie, gestoßen und blau geschlagen auf der Brücke, auf der sie immer noch stand, jeden Tag, um ihre Blumen zu verkaufen, Veilchen und Vergissmeinnicht, Lilien niemals, die waren zu teuer.

Ob sie etwas damit zu tun hätte, hatte sie ihre Mutter gefragt und dabei die Hände geballt, zum ersten Mal, seit sie sich erinnern konnte.

Du kannst herumhuren, mit wem auch immer du willst, aber das Blumenmädchen wird dir kein Kind schenken, hatte diese geantwortet. Wenn du nicht von ihr ablässt, wird sie leiden, das verspreche ich dir.

Und ihre Mutter hielt ihre Versprechen. Immer.

Sie warf einen Blick zum Himmel. Die verhasste Sonne schwebte über den Dächern der Stadt, noch nicht bereit, der Nacht das Feld zu räumen, in der sie ihre wahre Stärke wiederfinden würde. Im Gegensatz zu ihr hatte Irena die

Sonne dem Mond jederzeit vorgezogen. Nun würde sie beides nicht mehr sehen, dort unten in ihrem ganz eigenen Kerker. Sie bückte sich und löste die Schnürung ihrer halbhohen Stiefel, zog sie aus und warf sie achtlos zur Seite. Dann trat sie ein Stück näher an das Grab, bis ihre Fußspitzen über den Rand hinausragten.

Erde löste sich und rieselte hinab auf den Sargdeckel, begleitet von der letzten Lilie.

Sie hatte wunderschön ausgesehen in dem Kleid. Cremefarbene Seide mit Blumenmuster, Lilien natürlich, dazu Spitze und Stickereien. Ein ausladender Rock mit Quetschfalten über dem engen Korsett, das Irenas flachen Bauch noch flacher presste, sans-ventre, wie die Verkäuferin es genannt hatte, und, wie sie versichert hatte, der neueste Chic aus Paris.

Ich werde nicht zulassen, dass sie dir etwas antut, hatte sie geflüstert, zurück in dem kleinen Zimmer, das ihr Refugium geworden war und ihre Schatzkiste, und dann hatte sie sie geküsst, und ihre Lippen hatten süßer geschmeckt denn je, und sie hatte nicht aufhören können, sie zu kosten, in ihren Küssen zu versinken und zu ertrinken, ja, zu trinken.

Das Gras unter ihren nackten Sohlen war kalt und nass, aber ihr gefiel es. Die Schuhe hatte sie am Grab zurückgelassen, sie würde nie wieder welche tragen. Auf diese Art konnte sie Irena nahe sein, wenn ihr Körper verwest und in die Erde übergegangen war. Bevor sie durch das schmiedeeiserne Tor ging, griff sie in die Tasche, die über ihrer Schulter hing. Der weiche Stoff schmiegte sich an ihre Finger und schenkte ihr Trost. Nie hätte sie zugelassen, dass das Kleid beschmutzt würde. Es würde auf ewig rein bleiben. Wie eine weiße Lilie. Sie warf einen letzten Blick zurück, dann straffte sie die Schultern und trat hinaus auf die belebte Straße.

Ihre Mutter wartete auf sie. Und irgendwo auch ein Vater für ihre künftigen Kinder.

Briefe von Nina

Von Carsten Schmitt

Als ich zwölf Jahre alt war, schrieb ich zum ersten Mal meiner toten Schwester. Als ich fast achtzehn war, schrieb sie mir zurück. Der Brief kam nicht mit einer Eule oder einer Fledermaus, er lag nicht einfach auf meinem Kopfkissen oder steckte zwischen meinen Schulbüchern. Er kam mit der Post, und meine Mutter gab ihn mir beim Mittagessen. Es war einer dieser langen Umschläge mit einem durchsichtigen Fenster, wie die Briefe, die meine Eltern von Behörden, Banken und Versicherungen bekamen. Die Adresse aber war von Hand geschrieben, in ordentlichen Druckbuchstaben, vielleicht um den Absender zu verschleiern. Als ich ihn in meinem Zimmer öffnete, konnte ich meine Hand durch das Papier des Briefbogens hindurch sehen. Es war beinahe so durchscheinend wie die transparenten Bögen, mit denen ich Muster für meine Zeichnungen abpauste, und die Schrift war blass, als sei die Tinte zu lange der Sonne ausgesetzt gewesen. Es dauerte einen Moment, bis mein Verstand begriff, was mein Gefühl sofort erfasste – die geschwungene Handschrift und die vertraute Anrede stammten von Nina.

Hallo Eisvögelchen,
es hat mich so gefreut, endlich wieder einen Brief von Dir zu bekommen.

Ich kann es kaum glauben, dass Du bald volljährig wirst. Da, wo ich jetzt bin, ist es so schwer, die Zeit nicht aus den Augen zu verlieren. Für mich wirst Du wohl immer die „Kleine" sein.

Wie gerne wäre ich bei Deiner Party dabei ...

Meine Eltern hatten geglaubt, die Briefe und Postkarten, die ich Nina nach ihrem Tod geschickt hatte, würden mir helfen, über den Verlust hinwegzukommen. Ich hatte sie an *Nina Leiber, Im Himmel* adressiert, eine Briefmarke darauf geklebt und in den Postkasten geworfen. Über die Jahre hatte ich seltener geschrieben, doch vor etwa einem Monat hatte ich noch einmal einen Brief abgeschickt. Bald sollte ich erwachsen werden, und ich hatte keine Ahnung, wie ich das anstellen sollte. So hatte ich Nina mein Herz ausgeschüttet. Den *Himmel* in der Adresse hatte ich durch „Wo immer du jetzt bist" ersetzt.

Ich hatte jedoch niemals einen Absender angegeben. Anfangs, weil meine Mutter meinte, dass die Post sich schließlich Mühe geben sollte, Nina zu finden, und die Briefe nicht einfach zurückschicken sollte. Das behielt ich bei, selbst als ich nicht mehr wirklich daran glaubte, dass sie jemals ankamen, so wie ein Kind, das sich noch auf den Nikolaus freut, obwohl es weiß, dass es ihn nicht gibt.

Niemand sonst wusste, dass ich diese Briefe geschrieben hatte. Niemand außer Nina hatte mich jemals Eisvögelchen genannt. Niemand sonst hatte diese Handschrift.

Trotzdem hätte ich tausend Gründe finden müssen, die diesen Brief anders hätten erklären können. Aber mir fiel immer nur einer ein. Meine tote Schwester ließ mich wissen, dass sie all die Briefe, die ich über die Jahre geschrieben hatte, erhalten hatte und dass sie gern meinen Geburtstag mit mir feiern würde.

Ich setzte mich an meinen Schreibtisch, um ihr zu antworten.

***

„Na, wisst ihr jetzt, wie viel Bier ich noch besorgen soll?" Mein Vater zeigte mir seine Zuneigung, indem er sich an der Planung für meine Geburtstagsparty beteiligte, als sei es seine eigene.

Ich wollte mit ein paar Freunden feiern, die um dieselbe Zeit Geburtstag hatten, und es sollte ein richtig großes Ding werden.

„Schatz, du weißt doch, dass Lea kein Bier mag. Sie sollte sich überhaupt ein bisschen zurückhalten, so kaputt, wie sie aussieht."

Papa und ich rollten gleichzeitig die Augen. Leise meinte er: „Soll ich ein paar Flaschen von dem Kirsch-Zeug besorgen?"

Ich grinste. „Gern." Es war ein echtes Zugeständnis, denn mein Vater war der Meinung, dass Obst nichts in Bier zu suchen habe.

„Du siehst wirklich ziemlich müde aus", meinte er, nachdem Mama aus dem Esszimmer gegangen war. „Geht's dir gut?"

„Boah, Papa, du nicht auch noch! Ja, mir geht's gut. Es sind nur die ganzen Abi-Vorbereitungen."

Er nickte. „Ist zwar schon ein Weilchen her bei mir, aber ich erinnere mich noch gut daran. Die ganzen Partys, der Liebeskummer, das schlaucht ganz schön."

Wieder verdrehte ich die Augen und knuffte ihn in den Arm.

„Ich mein ja nur. Aber im Ernst, schon dich ein bisschen, ja?"

***

Zurück in meinem Zimmer lehnte ich mich gegen die Tür. Mir war ein wenig schwindelig, und ich musste durchatmen. Rechts neben mir stand mein Schreibtisch, auch wenn man ihn unter dem Haufen aus Schulbüchern und Notizblättern kaum sah. Gegenüber stand mein Bett, noch ungemacht und trotzdem einladender, als es um diese Uhrzeit sein sollte.

Ich setzte mich an den Schreibtisch und blätterte lustlos in den Mitschriften meines Bio-Leistungskurses. Ich las etwas von ATP und Mitochondrien und versuchte, mich an eine Eselsbrücke zu erinnern, die irgendwas mit einem Flipper zu tun hatte, der Teilchen auf ein höheres Energieniveau schoss. So was in der Art jedenfalls. Ein Flipper in einer Zelle? Das ergab doch keinen Sinn. Ich gab auf.

Stattdessen lüpfte ich einen Papierstapel voller Integralrechnungen und zog einen Briefblock darunter hervor. Die oberste Seite war bereits zur Hälfte beschrieben. Ich zog die Kappe von meinem Füller und schrieb weiter.

Nachtrag:

Ich sollte eigentlich lernen, aber ich habe fürchterliche Kopfschmerzen. Mir geht so viel im Kopf herum, da bleibt fast kein Platz für den Kram, den ich hineinstopfen soll. Ich muss dann immer daran denken, wie Du damals zu mir gesagt hast, dass Du all den Stoff aus dem Abi später gar nicht mehr gebraucht hast. Ich glaube, ich habe dieselbe Kurskombi wie Du, doch als ich Mama und Papa danach gefragt habe, haben sie behauptet, sich nicht mehr daran zu erinnern. Ich glaube, sie wollten einfach nicht drüber reden. Sie machen sich Sorgen, wenn ich zu viel an Dich den-

ke, wahrscheinlich weil sie Angst haben, dass ich wieder so traurig werden könnte wie damals.

Je mehr ich schrieb, umso mehr hob sich die Last aus Abgeschlagenheit und dröhnenden Kopfschmerzen, die mich den ganzen Tag fast erdrückt hatte. Zwei, drei Seiten voll alltäglicher Nichtigkeiten gingen mir schneller von der Hand, als eine einzige Zeile Zusammenfassung für Bio. Ich erzählte Nina, dass ich überlegt hatte, mich nach dem Abi für Lehramt einzuschreiben, aber trotzdem auch ein paar Kurse vergleichender Literaturwissenschaft belegen wollte, was ihr sicher gut gefallen müsse – ich malte ein Grinsegesicht an den Rand –, und ob es jemals aufhören würde wehzutun, wenn so ein Arsch mit einem hübschen Lächeln am Ende doch mit einer anderen zusammenkam.

Irgendwann war ich erleichtert und müde genug, schlafen zu gehen. Ich träumte, dass Nina bei mir im Bett läge, den Arm um mich gelegt, und wir uns flüsternd unterhielten, über die Dinge, die ich ihr geschrieben hatte, und dass sie mir ihren Rat gab und mir sagte, dass sie immer für mich da sein würde.

Es war ein schöner Traum, bis ich Ninas Augen sah. So hatte sie mich nie angesehen, als ich noch klein gewesen war. Sie lächelte, doch in ihren Augen brannte blanker Hunger. Ein Hunger, den ich stillen wollte, doch ich wusste nicht, wie.

Ich wurde eine Stunde vor dem Wecker wach. Unser Kater Fritz lag neben mir auf dem Kopfkissen, und ich sah seine Katzenaugen im schwachen Licht schimmern. „Es gibt noch kein Futter, also bleib aus meinen Träumen raus!"

Fritz verzog sich beleidigt, und ich schlief wieder ein, traumlos diesmal, doch am Morgen fühlte ich mich wie gerädert, und den ganzen Tag verfolgte mich die Erinnerung an diese schrecklich hungrigen Augen.

***

Den Brief hatte ich auf dem Weg zur Schule in den Postkasten geworfen. An den restlichen Tag erinnerte ich mich kaum. Wir schrieben eine Bioarbeit, doch ich hätte anschließend nicht mehr sagen können, worüber. Wir bekamen die Mathe-Ergebnisse der Woche zuvor, und ich erfuhr, dass Michael mit Frauke geknutscht hatte. Die meisten Leute nahmen an, dass ich aus einem der beiden Gründe nach der vierten Stunde in Ohnmacht gefallen war. Ich glaubte es auch, denn was sollte es sonst gewesen sein?

Jedenfalls kam ich auf der Liege in dem kleinen Raum neben dem Lehrerzimmer zu mir. Frau Molter gab mir ein Glas Wasser und fühlte meinen Puls.

Sie sagte mir, dass der Direx mich nach Hause schicken wolle und meine Eltern bereits informiert seien. Ich erwiderte, dass es mir gut ginge und das nicht nötig sei.

Doch das stimmte nicht. Ich blieb den folgenden Tag zu Hause und auch die Tage darauf.

***

Mama hat mir eben deinen Brief gebracht. Sie hat auf das Kuvert geschaut und kurz gezögert, bevor sie ihn mir gab. Ich glaube, sie wollte fragen, wer mir geschrieben hat, aber sie weiß, dass ich es nicht leiden kann, wenn sie so neugierig ist. Ich kann nicht glauben, dass sie deine Handschrift nicht erkannt hat. Oder hat sie etwas geahnt? Apropos: Du hast recht, deine Briefe werden immer besser, immer realer. Ich sehe fast keinen Unterschied mehr zwischen deinem

Brief von heute und dem letzten, den du mir damals aus dem Krankenhaus geschrieben hast.

Beinahe hätte ich geschrieben *bevor du gestorben bist*, doch wir mieden den Begriff. Nina umschrieb den Tod immer, auch wenn sie mir erzählte, was sie jetzt machte. Dass viele Menschen so wie ich ihren verstorbenen Lieben Briefe schickten, und Nina sie ihnen überbrachte.

So, ich muss jetzt Schluss machen und schlafen. Mama will mich morgen früh unbedingt zum Arzt schleppen. Alles Liebe und bis bald!

Es blieb nicht bei dem einen Arztbesuch. Nach diesem Termin kam noch einer und dann noch weitere bei anderen Ärzten. Man zapfte mir Blut ab, bis ich dachte, dass mich spätestens jetzt jeder sexy Vampir-Lover links liegen lassen würde. Je blasser ich wurde, desto dunkler wurden die Ränder unter den Augen von Mama und Papa.

***

Das Krankenhaus ist dasselbe wie das, in dem Du damals gelegen hast. Sogar der süße Krankenpfleger ist noch da. Der nette, rothaarige, der Dir immer das Eis aus dem Automaten im Erdgeschoss mitgebracht hat. Mir hat er heute auch eins gebracht.

Ich habe gestern wieder von Dir geträumt. Nina, ich muss Dich was fragen. Warst Du gestern hier? Ich meine, richtig? Ich habe geträumt, Du lägst bei mir im Bett und hättest mich im Arm gehalten. Es hat sich so echt angefühlt.

Ich wollte nicht schreiben, dass ich mich gefürchtet hatte, nicht vor ihrer Umarmung und auch nicht vor ihrer kalten Hand, die meine gehalten hatte, sondern vor ihren Augen. Ihren dunklen, traurigen und so schrecklich hungrigen Augen. Ich war aufgeschreckt und war mir sicher, Ninas Parfum auf dem Kissen zu riechen. Das Parfum, von dem auch nach sechs Jahren noch ein Flakon im rechten Badezimmerschränkchen stand, und dessen Duft ich nie vergessen hätte.

Du musst nicht traurig sein wegen mir. Mama und Papa machen sich schon genug Vorwürfe, weil sie denken, es nicht früh genug bemerkt zu haben. Dabei können sie doch nichts dafür.

Erzähl mir lieber mehr über Deine Arbeit mit den Briefen an die Toten. Was Du über den Ort schreibst, an dem Du jetzt lebst (kann ich das so sagen?) und arbeitest, hört sich für mich gar nicht so schlimm an. Ehrlich gesagt, habe ich mich schon gefragt, ob Du vielleicht eine Praktikantin brauchst.

Meine Hand fing an zu zittern, und ich musste den Stift ablegen. Selbst das Schreiben strengte mich jetzt an. Es klopfte kurz an der Tür, und der Pfleger kam herein, um die Infusion zu überprüfen und mir frischen Tee zu bringen. „Kommt dich heute noch jemand besuchen?"

„Meine Eltern kommen später."

„Dann war das heute Morgen bestimmt deine Schwester."

„Meine Schwester? Meine Schwester ist ..." Beinahe hätte ich tot gesagt, doch es wollte mir nicht über die Lippen kommen. Früher hatte ich es nicht ausgesprochen, weil es die Sache so endgültig machte, und jetzt? Jetzt hätte es sich einfach falsch angefühlt. Nina war nicht tot, jedenfalls nicht, wie alle Leute dachten, und so sagte ich nur: „Meine Schwester ist nicht hier."

„Ich dachte, ich hätte heute Morgen eine junge Frau auf der Station gesehen, die dir sehr ähnlich sah, das ist alles."

Der Pfleger verließ das Zimmer, und ich griff nach dem Becher mit dem Tee. Auf dem Nachttisch lag ein Umschlag mit Ninas Handschrift. Keine Briefmarke, kein Stempel; er sah so aus, als hätte ihn jemand einfach dort abgelegt.

***

Nachmittags kamen Mama und Papa, und wir haben geredet. Dann gingen sie, um mit der Ärztin zu sprechen, und anschließend kam nur Papa noch mal rein, um Tschüss zu sagen. Er sagte, es ginge Mama nicht so gut, weil sie sich den Magen verdorben habe. Sie kann es einfach nicht unterdrücken, wenn sie heulen muss, und Papa kann nicht lügen.

Ich sehe sie jetzt fast jeden Tag, und wenn sie mal nicht können, sind Onkel Richard und Tante Franzi da. Es ist fast ein bisschen nervig, dass dauernd jemand um mich ist, denn so kann ich Dir nicht schreiben.

Es ist albern, in einem Brief zu lügen, den ich gerade nur in meinem Kopf verfasse. Nicht, weil ich Angst habe, jemand aus meiner Familie könnte sehen, dass er für meine tote Schwester ist, sondern weil ich den Stift nicht mehr halten kann.

Doch solange ich das nicht zugebe, ist es vielleicht nicht wahr.

Das Krankenhauszimmer ist nie ganz dunkel, auch nachts nicht. Der Raum ist voller roter, gelber und grüner Lichtchen. Sie sind am Rufknopf, am Sauerstoffgerät, das leise zischt und manchmal gurgelt, und am Monitor, von dem ein Kabel zu einer Art Klammer um die Spitze meines linken Zeigefingers führt. Wenigstens piept es nicht die ganze Zeit, wie sie es immer in den Filmen zeigen.

Auch wenn es manchmal anstrengend ist, ständig Leute um mich herum zu haben, ist es doch schlimmer, nachts allein wach zu liegen.

Selbst der Brief an Nina, den ich in meinem Kopf zu schreiben versuche, gelingt mir nicht. Ich bin so erschöpft, dass ich mich nicht konzentrieren kann, doch schlafen geht auch nicht, ich döse höchstens kurz ein.

Aber hauptsächlich habe ich Angst hier im Nicht-ganz-Dunkel. Angst, weil ich denke, dass ich sterben muss, und Angst, weil mir das so wenig ausmacht, vielleicht weil ich weiß, dass Nina auf der anderen Seite wartet.

„Es ist gut, Eisvögelchen, ich bin ja da." Nina sitzt auf der Bettkante, und das Licht der Leuchtdioden schimmert in ihrem durchscheinenden Körper wie in einem mit klarem Wasser gefüllten Glas.

Doch je länger ich hinschaue, um so undurchlässiger wird ihr Körper. Ich taste über die Matratze, die sich ein wenig gesenkt hat, da, wo sie sitzt, und ich kann die Bettdecke leise rascheln hören, wenn sie sich bewegt.

„Puh, Krankenhäuser riechen also immer noch so."

Ich nicke, und eine Träne rinnt mir aus dem Auge. Es ist schön, Nina zu sehen, doch ich fürchte mich auch vor ihr. Ich dachte, sie hätte mir die Furcht genommen, aber jetzt will ich doch nicht mit ihr gehen. Ich habe doch noch nicht einmal meinen 18. Geburtstag gefeiert!

Sie streicht die Träne von meiner Wange und führt den Finger zu ihren Lippen.

„Ich hätte nicht gedacht, dass wir uns noch einmal so sehen würden, Eisvögelchen. Dass ich all das hier fühlen, riechen und schmecken darf! Und der süße Krankenpfleger von damals, ist der heute da?"

Wieder nicke ich. „Er ist älter geworden." Sie ist es nicht.

„Das macht nichts. Meinst du, wir könnten ihn mal rufen?" Sie greift nach dem Notrufknopf, der neben meinem Kopfkissen hängt, doch ihre Finger können ihn nicht heben und den Schalter drücken. Er bewegt sich ein bisschen, aber es reicht einfach nicht. „Ach schade", sagt Nina. „Vielleicht musst du mir helfen. Du hast mir schon so viel geholfen mit deinen lieben Briefen und damit, dass ich dir antworten konnte."

Sie sieht mich an, und es ist der Blick aus meinem Traum. Diese hungrigen Augen, so traurig und so schrecklich hungrig.

Neben dem Bett leuchtet die Anzeige des Weckers.

„Mensch, Eisvögelchen! Noch drei Sekunden und ich kann dir zum Geburtstag gratulieren!"

Nina beugt sich zu mir hinunter, und ihre Lippen berühren meine Stirn. Zuerst spüre ich gar nichts, doch dann fühle ich ein Kribbeln wie ein kühler Luftzug von Schmetterlingsflügeln und mich fröstelt, oder sind es Ninas Haare, die an meinem Hals kitzeln, ich weiß nicht, ich bin so müde, und ich frage mich, ob ich jetzt sterben muss und warum, denn ich bin doch erst achtzehn, aber meine

Schwester ist bei mir, und dann ist es mir egal, und meine Augen fallen ...

„NINA!"

Ich bin so müde, als hätte ich hundert Jahre nicht geschlafen, doch die Stimme weckt mich. Nina ist aufgestanden und hat sich zur Tür umgedreht. Sie versperrt mir den Blick, denn da ist kein Durchscheinen mehr, keine Glas-Nina, nur meine zitternde Schwester. Sie tut mir leid, denn die Stimme hat einen Ton, den man nicht gegen sich gerichtet hören möchte.

„Ich wollte sie doch nur an ihrem Geburtstag sehen!"

Das Licht geht an, und Nina macht einen Schritt zur Seite. Im Türrahmen steht eine ältere Frau mit schwarzumrandeter Brille, die grauen Haare sind streng zurückgebunden. Sie trägt eine blaugraue Uniform, die ein bisschen aussieht wie die des Briefträgers aus der Kinderserie mit dem Gockel.

„Es ist unsere Pflicht, den Toten die Nachrichten der Lebenden zu überbringen, doch niemals überbringen wir eine Antwort. Oder schreiben eine!"

Nina lässt die Schultern hängen: „Ich weiß, Frau Ehrlich, aber ich hab' sie so vermisst."

Ist ihr Körper wieder ein bisschen durchscheinend geworden?

„Die Regeln sind hart, Nina, aber sie haben einen Grund. Siehst du nicht, was du beinahe angerichtet hättest?"

Meine Schwester schaut zu mir herüber, doch auf einmal fällt es mir schwer, ihre Gesichtszüge im kalten Licht des Krankenhauszimmers zu erkennen. Nur ihre blauen Augen leuchten, doch in ihnen ist bloß Trauer und die

Bitte um Verzeihung. Der Hunger ist fort.

„Es tut mir leid, es tut mir so leid."

Sie setzt sich zu mir, und wieder küsst sie mich. Wieder werde ich müde, doch diesmal ist mir wohlig warm dabei. Nur da, wo ihre Lippen meine Stirn berühren, ist eine kalte Stelle, wie wenn ein kleiner Vogel dort säße, der sich an einem Wintertag ins Haus verirrt hat.

***

Liebe Nina,

ich habe Deine Chefin, Frau Ehrlich, kennengelernt. Sie scheint nett zu sein, auch wenn ich anfangs ein bisschen Angst vor ihr hatte. Ich habe sie gefragt, ob Du Ärger bekommst, aber sie meinte nein, denn Du hättest aus den besten Absichten gehandelt. Sie hat aber gesagt, dass Du mir nicht schreiben darfst, und auch, dass ich Dir nicht mehr schreiben sollte. Vielleicht ist es besser so.

Es geht mir wieder gut. In ein paar Wochen werde ich meinen Geburtstag nachfeiern und nächstes Jahr die Abi-Prüfungen nachholen. Und dann mal sehen. Vielleicht mache ich vor der Uni ein, zwei Jahre was ganz anderes. Keine Ahnung. Aber egal was, ich werd's aufschreiben. Erst mal nur für mich, damit ich nichts vergesse, aber irgendwann, wenn der richtige Zeitpunkt kommt, dann schreib ich dir.

Alles Liebe,

L.

Hinter der Fassade
Ausgabe 5, Oktober 2023

Einen Blick hinter die Fassade erlauben die Geschichten der fünften Ausgabe.

Gibt es etwas, das allen Dingen gleichermaßen innewohnt? Und falls ja – ist es Fluch oder Segen, dies zu erkennen? Damit beschäftigt sich Carsten in Anlehnung an R. W. Chambers *Der König in Gelb*.

In Tanjas Geschichte dreht sich alles um den schönen Schein. Was steckt hinter den polierten Feeds der Influencer – und wie weit würden sie gehen, um das perfekte Foto zu machen?

Der Stoff

Von Carsten Schmitt

Minutenlang hatte Karl beobachtet, wie die Haut vom Gesicht seines Teamleiters Tobias abgeplatzt und zu Boden gebröckelt war. Dort, wo Gewebe und Knochen hätten sein sollen, wanden sich fingerdicke Faserstränge aus gelbem Stoff.

Tobias redete indessen unbeirrt weiter: „Um die Lösung beim Kunden zu positionieren ..."

Ein Riss öffnete sich oberhalb seines Adamsapfels, wanderte zur Drosselgrube darunter, wo er sich aufteilte wie zwei Bahnen fallender Dominosteine und an den Schlüsselbeinen entlang zu den Schultern und schließlich die Arme hinunterwanderte. Auch das gestärkte weiße Hemd welkte und rieselte als feiner Staub hinunter.

Die Auflösung hatte die Finger von Tobias' rechter Hand erreicht, die auf der Tischplatte lag, und sprang von dort auf den Tisch über.

Die weiße Kunststoffbeschichtung löste sich auf, ihre Partikel stiegen auf wie Gasbläschen in einem Glas Limonade, und darunter offenbarte der Konferenztisch die gleichen kränklich-gelben Stofffetzen wie unter der Fassade von Karls Teamleiter, der nun zum Ende seiner Präsentation kam: „... den Fokus auf die Innovationspotenziale legen, und ..."

Die Spur der Auflösung wanderte über das Möbelstück, zuckte suchend wie ein lebendiges Ding mal nach links, mal nach rechts und kam auf Karl zu. Tobias beendete seinen Satz: „... die Simplifizierung der Geschäftsprozesse."

Der Tisch war nicht mehr da, der Raum war nicht mehr da, Karls Kollegen waren nicht mehr da, sondern nur noch Fetzen und Knäuel des Stoffs, die sich in einem Windhauch wiegten, den er nicht spüren konnte. Nur um Karl herum gab es noch eine Insel der Wirklichkeit; den Stuhl, auf dem er saß, die Tastatur des Laptops, auf der seine Hand lag, und ihn selbst.

„Karl?"

Er durfte sich nicht rühren. Jede kleinste Bewegung mochte die Kettenreaktion wieder in Gang setzen.

„Karl?" Tobias Stimme klang fordernd.

Was tun? Blinzeln, wegblinzeln. *Was immer Ihnen hilft*, hatte seine Ärztin gesagt. Karl presste die Augenlider zusammen.

„Alles okay mit dir, Karl?"

Nur einen Moment, dann würde der Stoff fort sein.

Er wartete drei Atemzüge, und als er die Lider hob, hätte er beinahe laut gelacht. Der Raum war wieder da, und die Leute darin waren keine Puppen aus gelben Lumpen mehr.

„Was?", brachte er schließlich hervor.

„Jetzt kommt dein Teil", sagte Tobias und deutete auf die Projektion an der Wand.

„Stimmt, entschuldige."

Karl klickte die Präsentation weiter und las vor: „Durch Konsolidierung der Systemlandschaft vereinfachen wir Geschäftsprozesse und setzen so Ressourcen frei, die ..."

Er unterbrach sich, hustete und nahm einen Schluck Kaffee. „Den Rest könnt ihr selber lesen, steht ja alles da."

Er rieb sich die Schläfen. „Entschuldigt bitte, ich habe fürchterliche Kopfschmerzen."

„Okay, Leute, machen wir Schluss für heute", sagte Tobias. „Wir treffen uns morgen um acht Uhr für einen weiteren Probelauf."

Karls Kollegen klappten die Laptops zu, rückten ihre Stühle zurecht und verließen den Raum. Er blieb allein mit seinem Teamleiter sitzen.

„Bist du okay, Karl?"

„Ja, klar. Bin nur etwas müde. Schlaf' nicht so gut in letzter Zeit."

„Wann hattest du das letzte Mal Urlaub?"

Karl dachte nach. „Vor einem Dreivierteljahr ungefähr. Aber da musste ich die Wohnung renovieren und umziehen, nach der Scheidung."

„Verstehe." Tobias lächelte, und er bemühte sich, Mitgefühl auszudrücken. „Du wirst darüber hinwegkommen. Ich habe das auch schon durchgemacht. Die Zeit ..."

Tobias Silhouette verschwamm vor Karls Augen, als er die Veränderung der Wand hinter seinem Teamleiter bemerkte. Dort, wo eben noch weiße Raufasertapete gewesen war, wand sich nun ein Geflecht aus gelben Fasern.

„... heilt alle Wunden. Hörst du mir zu, Karl?"

Karl blinzelte. „Entschuldige bitte, ich war abgelenkt. Die Wand ..."

„Was ist damit?"

„... müsste mal gestrichen werden."

Tobias blickte sich um. „Meinst du? Scheint mir in Ordnung zu sein."

„Die Tapete. Sie ist vergilbt."

Tobias nahm seinen Laptop und stand auf. „Ich denke,

du gehst jetzt besser nach Hause und legst dich hin. Nach dem Meeting mit dem Vertrieb morgen reden wir über deinen nächsten Urlaub, okay?“

„Okay.“

***

Peinlich, dachte Karl auf dem Weg zur Straßenbahnhaltestelle. Die Halluzinationen kamen immer öfter, und er wagte kaum, seinen Blick auf einen Punkt zu fokussieren, aus Angst, den Stoff unter der Erde, hinter Böden, Wänden und Decken, oder – und das war am schlimmsten – hinter den Gesichtern seiner Mitmenschen zu sehen. Anfangs war es ihm gelungen, es wegzublinzeln, sich aus dem Wahn herauszureißen, doch das fiel ihm immer schwerer. Nichts hatte geholfen, weder die Therapie noch die Meditationsübungen, die man ihm dort empfohlen hatte. Manchmal wirkten die Pillen, doch auch die nie sehr lange.

Sein Teamleiter Tobias war ein fairer Kerl, aber als Vorgesetzter würde er Karls Verhalten nicht mehr lange durchgehen lassen können, die Unkonzentriertheit und die schroffe Verschlossenheit den Kollegen gegenüber, denen er so gut wie möglich aus dem Weg ging.

Karl schüttelte den Gedanken an die Arbeit ab. Er würde wieder klarkommen, irgendwie.

Er bestieg die Bahn. Um diese Uhrzeit war sie voller Pendler, doch er hatte Glück und fand einen Sitzplatz. Eine füllige Dame zwängte sich mit vollen Einkaufstaschen neben ihn und hüllte ihn in eine Parfümwolke. Karl sah aus dem Fenster. An dem aufgegebenen Siloturm am alten Hafenbecken hatten Künstler eine Installation angebracht. Stahlseile waren vom höchsten Punkt des Gebäudes bis zum Boden gespannt worden. Einige Plastiktüten hatten sich darin verfangen und flatterten wie tibetanische Gebetsfahnen im Wind. Für einen Augenblick befürchtete Karl, darin wieder die gelben Fetzen des Stoffs zu sehen, doch sie blieben nur Kunst und Müll.

Die Frau neben ihm begutachtete ihr Gesicht in einem Taschenspiegel und zog ihren Lippenstift nach. Er scheute sich davor, sie direkt anzusehen, doch ihr Gesicht war beruhigend gewöhnlich, normal, stabil. Er nahm die Brille ab und rieb sich die Lider. Mit geschlossenen Augen lehnte er die Stirn an die kühle Fensterscheibe.

Er musste kurz eingenickt sein, denn als er die Augen wieder öffnete, war die Frau verschwunden.

Karls Blick streifte durch den Waggon. Über der Verbindungstür zum nächsten Fahrgastraum war ein Bildschirm angebracht, auf dem sich Fahrplaninformationen mit Nachrichten und Werbeanzeigen abwechselten. Nach der Reklame für ein Autohaus blieb das Bild zunächst dunkel, doch Karls Blick blieb darauf haften. Der Bildschirm flackerte wie ein alter Röhrenfernseher. Von den Rändern her kroch ein fahler Lichtschein hinein und enthüllte die Szenerie eines weitläufigen Raums. Das Leuchten erreichte das Zentrum und erhellte die Konturen eines Hügels oder einer Halde aus Schutt und Abfall, durchdrungen von Schlingen gelben Stoffs.

Karl presste den angehaltenen Atem aus seinen Lungen. Die imaginäre Kamera schwenkte nach oben. Auf der Spitze des Schuttkegels zeichnete sich ein Thron aus Schrott ab und darauf sah er den Umriss einer Person, die in eine weite Robe gehüllt war. Er fühlte, dass sie der Ursprung des Stoffes war, dessen Schlingen und Bahnen sich durch die Ritzen und Spalten der Wirklichkeit wanden, bis in das

Besprechungszimmer seiner Firma, den Bildschirm an der Decke des Straßenbahnwaggons und selbst den Sitz, auf dem er gerade saß.

Ein Signalton kündigte die unmittelbar bevorstehende Abfahrt der Bahn an. Karl riss sich mit einem Ruck an der Lehne des Vordersitzes hoch. Mit den Ellenbogen nach links und rechts stoßend, bahnte er sich einen Weg zum Ausgang, drängte sich zwischen den anderen Fahrgästen hindurch und stolperte aus der Straßenbahn.

***

Karl saß am Küchentisch und trank einen Schluck Wasser. Der saure Geschmack in seinem Mund blieb. Das einzige Licht in der Küche kam vom offenen Kühlschrank. Es spiegelte sich in einer Pfütze am Boden, die sich um die Scherben der zerbrochenen Wasserkaraffe gebildet hatte. Auf der Anrichte darüber lagen die Röhrchen und Schachteln mit Karls Helfern in der Not: Aripiprazol und Risperidon gegen die schlechten Gedanken, Paroxetin und Escitalopram gegen die schlechten Gefühle, und schließlich etwas MDMA gegen die verfluchte Einsamkeit. Das Ecstasy war die Idee eines Bekannten gewesen, und der letzte Sargnagel für Karls Ehe.

Wieder führte er das Glas zum Mund und betrachtete die gegenüberliegende Wand. Die Tapete hing in Fetzen, und auf dem Boden davor lagen ein Hammer und ein massiver Schraubendreher auf einem Haufen aus Gips und rotem Ziegelstaub. Die Wand war zerfurcht von den Kerben, die Karl hineingeschlagen hatte. In Flur und Bad, im Wohn- und Schlafzimmer sah es nicht anders aus. Karl hatte die Wände malträtiert, bis das ärgerliche Klopfen der Nachbarn und schließlich das Klingeln an seiner Wohnungstür ihn dazu gebracht hatten, aufzuhören. Doch da hatte er schon gewusst, was er hatte wissen wollen. Unter dem Putz und den Ziegelsteinen durchzog das Geflecht die Wand. Er hatte versucht, es herauszureißen, doch das zähe Material hinterließ nur einen gelblichen Abrieb an seinen Fingern.

Karl krümmte sich und stützte den Kopf in die Hände. Sein Herz raste. Der Knoten in seinen Eingeweiden zog sich zusammen, und er erbrach einen Schwall Galle auf die Tischplatte. Der Schleim tropfte auf seine Hose. Schweißperlen bildeten sich unter seinen Achseln und rannen in die dunklen Flecken, die sich bereits auf seinem Hemd abzeichneten. Er wischte sich mit dem Handrücken über den Mund, stützte sich am Tisch ab und stand auf. Es dauerte, bis er sein Gleichgewicht gefunden hatte, dann nahm er seine Jacke von der Lehne des Stuhls und arbeitete sich Schritt für Schritt in den Korridor vor. Er erschrak, als er sich im Garderobenspiegel sah. Er brauchte Hilfe.

***

Draußen war das Licht des Tages in der frühen Dezembernacht ertrunken. Er musste sich beeilen, wenn er seine Ärztin noch antreffen wollte, und so schlug Karl den kürzesten Weg zur Praxis von Frau Doktor Krauss ein. Bald bereute er seine Entscheidung, denn dieser Weg führte ihn durch die belebten Straßen mit all den Menschen, die er lieber vermieden hätte.

Er senkte den Blick, wollte nicht noch einmal sehen, wie sie sich auflösten und den alles durchdringenden Stoff in ihrem Innern freigaben. Doch in den Pfützen am Boden spiegelten sich die Straßenszenen, und er sah die Fäden, die sich aus den Mauern der Häuser ringelten. Selbst der

Straßenbelag löste sich auf und gab den Blick frei auf das bloßliegende Gewebe der Welt.

In einem Hauseingang auf der gegenüberliegenden Seite sah Karl etwas, das in der anderen Welt, der Traumwelt seiner bisherigen Existenz, ein Obdachloser sein mochte. Jetzt war der Mann die Wurzel eines Dickichts von Tentakeln, die über das Trottoir tasteten. Karl achtete darauf, nicht auf die Stränge zu treten, als er die Stelle passierte. Seine Haut war klamm vom Schweiß, und sein Innerstes zu einer Kugel aus Anspannung geschrumpft, doch er hatte es bald geschafft. Es war nicht mehr weit bis zu Frau Doktor Krauss.

***

Er hätte aufschreien können, heulen oder toben, doch am Ende entwich seiner Kehle nur ein glucksendes Schluchzen. Das Gebäude mit der Praxis war nicht mehr da. An seiner Stelle wucherte ein Berg gelber Faserstränge, manche dick wie ein Baumstamm, andere so fein und zart wie Seidenfäden. Wo die Tür hätte sein müssen, gähnte ein Tunnel, der sich in das Herz des Gebildes bohrte, doch er konnte unmöglich dort hineingehen. Karl spähte hinein. Durch den Tunnel schwebte ein feines Stoffgespinst, eine Wolke ätherischer Fäden umwehte einen Korpus aus armdicken Schlingen, die sich ohne Anfang und Ende ewig umeinander ringelten. Er hörte ein Geräusch, wie wenn irgendwo weit weg eine Tür geöffnet würde. Dann vernahm er Worte und erkannte die Stimme der Sprechstundenhilfe seiner Ärztin.

„Herr Müller! Hatten Sie einen Termin?"

Karl schüttelte den Kopf.

„Die Frau Doktor ist nämlich schon weg."

„Schon weg?“

„Geht es Ihnen nicht gut? Wenn es dringend ist, müssten Sie in die Ambulanz der Klinik gehen. Soll ich Ihnen ein Taxi rufen?“

Karl schaffte es nicht, ein Bild der Frau vor seinen Augen heraufzubeschwören, doch er war dankbar für das bisschen Anteilnahme, das er in ihrer Stimme vernahm. Er hörte, wie sie auf einem Smartphone tippte und bald darauf mit jemandem am anderen Ende der Leitung sprach. Sie unterbrach die Verbindung und sagte: „Das Taxi kommt gleich.“

Als wollte sie damit ihre Aussage unterstreichen, wehten zwei lose, gelbe Fäden von dort, wo sich ihre Augen befinden mussten, in seine Richtung.

Er drehte sich um und rannte los.

***

War er der Einzige, der bemerkte, was mit der Welt geschah, wie der Anstrich der Wirklichkeit abblätterte und sich das Darunter auflöste? Und wenn dem so war – warum konnte nur er es sehen, und was geschah da eigentlich? Wenn er verstehen wollte, würden ihm keine Ärzte helfen. Es musste noch andere geben wie ihn. Menschen, die ebenfalls sahen und die vielleicht mehr wussten als er. Karl machte sich auf die Suche.

***

Ein Krampf in seinen Eingeweiden ließ ihn taumeln, und er stützte sich an der Wand einer Einfahrt ab. Im Hinterhof brannte Licht. Eine Handvoll Frauen und Männer kam von dort. Sie schlurften an ihm vorbei, die Augen zu Boden gerichtet. Niemand beachtete Karl, der sah, dass auch sie Fäden und Fetzen des Gewebes hinter sich herzogen.

Er ging auf das Licht zu. Es leuchtete aus den Fenstern eines Backsteinbaus, der früher als Werkstatt gedient haben mochte. Ein Schild über der Tür wies das Gebäude als *Puppentheater* aus.

Karl trat durch die unverschlossene Tür in einen Raum, der nach altem Schmieröl, Sägespänen und Schimmel roch. Was irgendwann einmal eine Tischlerei gewesen sein mochte, wurde nun von mehreren Reihen unterschiedlichster Stühle eingenommen, die jemand fein säuberlich angeordnet hatte. Obwohl ein Werkstattofen in der Ecke brannte, fröstelte Karl. Er sah sich weiter um.

Vor der gegenüberliegenden Wand war ein aus verstaubten Brettern und den dunkelbraun gebeizten Seitenteilen eines alten Kleiderschranks grob zusammengezimmerter Verschlag aufgebaut. Gelbe Laken und Decken, deren ursprüngliche Farben und Muster durch die nachträgliche Färbung schimmerten, dienten als Vorhang.

Es war eine Marionettenbühne. Die Puppen lagen mit schlaffen Gliedern da, doch im harten Licht der Leuchtstoffröhre, die das Bühnenbild erhellte, konnte man die Fäden sehen, die nach oben führten, wo der Marionettenspieler sich verbarg. In der Mitte der Bühne war ein Häufchen Gipsbrocken aufgetürmt und darauf saß, aufrecht und wie auf einem Thron, eine Figur. Sie war in Lumpen gehüllt, die in langen Bahnen die ganze Szenerie durchzogen, doch er konnte keine Fäden erkennen, die sie gehalten hätten.

Karl ging zu einem der Stühle und setzte sich. Holz kratzte über Beton, als sich neben der Bühne eine Tür öffnete, aus der ein gebeugter Mann mit schütterem Haar trat.

„Ich hatte Sie schon zur Aufführung erwartet." Er lächelte. „Aber jetzt sind Sie ja hier."

Karl hatte Mühe, seine trockene Zunge vom Gaumen zu lösen. „Sie haben mich erwartet?"

„Gewissermaßen."

Der Mann schlurfte zu ihm herüber und nahm neben ihm Platz. Karl zuckte, als der Fremde ihm eine Hand auf die Schulter legte. Alles an dem Mann erschien trocken und staubig, als habe er eine lange Zeit still in einer Ecke stehend gewartet, bis Karl das kleine Theater betrat.

„Seien Sie unbesorgt, Ihnen geschieht hier nichts."

„Nichts? Mir geschieht nichts?" Karl wollte lachen, aber er bekam nur ein Husten heraus. Sein Blick fiel auf eine Stelle hinter dem rechten Ohr des Mannes, wo ein dicker Strang gelber Fasern direkt aus dem Schädel zu wachsen schien. Der Alte registrierte Karls Blick, doch er zeigte weder Erstaunen noch Unverständnis. Im Gegenteil, er schien genau zu wissen, was Karl gesehen hatte.

„Wer sind Sie?", fragte Karl.

„Ich bin ein Puppenspieler mit einem einzigen Stück. Meine Puppen sprechen Wahrheiten aus, die man mir nicht glauben würde."

„Wahrheiten worüber?"

„Über alles." Der Puppenspieler drehte sich zu Karl. „Deswegen sind Sie doch heute zu mir gekommen, mein gequälter Prinz. Wegen der Wahrheit."

„Geschieht all das wirklich?", fragte Karl.

„Manche sagen, Wirklichkeit sei nur der Traum eines schlafenden Gottes."

„Welchen Gottes? Keines besonders gütigen, wenn Sie mich fragen."

Der Mann lächelte. „Das ist eine gute Frage, aber eine, die uns erst später beschäftigen sollte."

Karl sah sich in der zum Theater umfunktionierten Werkstatt um. Auch hier brach der Stoff aus den Mauern der Wirklichkeit, doch nur an wenigen Stellen. Dieser Ort schien noch fest zu sein, stabil.

„Können Sie mir helfen?", fragte er den Mann.

„Ich spiele Puppentheater, und zwischen den Vorstellungen bin ich manchmal Wegweiser für verirrte Prinzen. Das ist meine Aufgabe. Also ja, ich kann Ihnen helfen." Wieder lächelte er.

Seine Augen waren hinter der Staubschicht auf seinen Brillengläsern kaum zu erkennen. Der Puppenspieler drehte den Kopf, und Karl sah das Bündel aus Fasern, das schlaff und spröde aus seinem Hinterkopf hing.

Zu Karls Überraschung griff der Mann danach und drehte die Fäden zwischen seinen Fingern. Staub rieselte zu Boden. „Es zerfällt."

„Was muss ich tun, damit es aufhört?"

„Ich fürchte, das wird es nicht. Gott ist tot."

„Ich dachte, Sie können mir helfen?"

„Das kann ich. Glauben Sie mir, es wird besser werden, sobald Sie Ihre Rolle in diesem Stück kennen. Es läuft alles auf die Antwort auf eine Frage hinaus, mein Prinz: Sind Sie Teil des Traums oder der Träumer?"

***

Es war drei Uhr in der Früh, und die Straßenbahnen fuhren nicht mehr. Noch stand der Mond groß und hell am Himmel, und die kälteste Stunde der Nacht brach an. Der Winterfrost hatte die Autoscheiben erblinden und Karls Atem zu weißen Wolken kondensieren lassen.

Sein Ziel, das Silo, zeichnete sich am Horizont ab. Der schwarze Turm war umgeben von einem Gürtel aus Schrott und Verfall. Autowracks standen am Straßenrand, und Jalousien klapperten hinter den zerbrochenen Fensterscheiben der zum Abriss freigegebenen Lagerhäuser. Ein paar Gestalten lungerten in einer Hofeinfahrt herum. Karl achtete nicht auf sie.

Je näher er dem Ungetüm aus Stahlbeton kam, desto fester wurden seine Schritte. Karl sah die Drahtseile und erkannte nun, dass das, was er für Gebetsfahnen gehalten hatte, große Fetzen des Stoffes waren, die flatterten und knatterten, obwohl die Nacht fast windstill war.

Die Tür zum Erdgeschoss des Turms stand offen. Karl trat hindurch und zögerte, als er etwas Weiches unter seinen Füßen spürte. Es waren Bahnen aus Stoff, die aus dem Inneren des Silos nach draußen quollen und dort mit dem Asphalt verschmolzen. Decken und Wände glühten in einem eitrigen Lichtschein, der gerade ausreichte, die Wendeltreppe zu erhellen, die bis zur Spitze des Siloturms führte. Karl erklomm die Stufen.

Oben angekommen, betrat er einen weitläufigen Raum, der das ganze Stockwerk einnahm. Wände und Decke bröckelten, und unter abgeplatztem Zementschorf sah Karl das alles durchdringende Geflecht, von dem das gelbe Glühen ausging.

In der Mitte des Raums war die Decke eingestürzt, doch wo der mondhelle Nachthimmel hätte sein müssen, gähnte nur schwarze Leere. Darunter lag ein Haufen aus Schutt, auf dessen Spitze eine formlose Gestalt saß. Zu ihren Füßen stand ein alter Fernsehapparat. Eine Ecke der Mattscheibe war herausgebrochen, und ein Strang des Stoffes zwängte sich hindurch. Dennoch erwachte die Röhre im Innern des Geräts und malte ein flackerndes Bild. Karl erkannte den Raum mit sich selbst darin. Er sah, wie er die wenigen Schritte bis zu dem Schuttberg zurücklegte und an die Spitze kletterte. Oben angekommen, bückte er sich.

Karl tat es seinem Abbild nach, kletterte hinauf, bis er vor einer gesichtslosen Mumie stand, die eingehüllt war in Lage um Lage aus vergilbten Roben. Der Körper saß aufrecht auf dem Schutt, würdevoll wie ein Herrscher auf seinem Thron.

Zeit, zu ruhen, mein König, dachte er.

Zeit, deinen Platz einzunehmen, mein Prinz, hörte er die Antwort in seinem Kopf.

Zu Füßen des Königs lag eine Eisenstange. Karl hob sie auf und fühlte ihr Gewicht. Dann holte er aus und schlug zu. Die Hirnschale der Mumie implodierte unter dem Hieb. Wieder schlug er zu, hörte, wie die Knochen barsten, schlug zu, wieder und wieder, bis er von einer Wolke aus Staub und trockenen Stofffetzen eingehüllt war.

Dann nahm Karl das Bündel, das einmal der König gewesen war, in seine Arme und bettete es in einer Mulde am Fuße des Throns. Die Eisenstange legte er daneben, wo man sie eines Tages leicht finden würde.

Ein kalter Wind wehte durch das Loch in der Decke und kühlte seine erhitzten Wangen.

So kalt muss der Raum zwischen den Welten sein, dachte er.

Dann atmete er ein letztes Mal tief ein und ließ sich auf den Thron sinken. Karl fühlte, wie sich der Stoff in ihm regte, in ihm aufstieg und aus ihm herauswuchs. Seine Trommelfelle platzten, und seine Augen wurden aus ihren

Höhlen gedrückt, als der Stoff aus seinem Körper quoll, doch er spürte keinen Schmerz.

Es war Zeit, seine Robe auszubreiten.

Einfach perfekt

Von Tanja Karmann

„Die Fotos sind online!"

Sanne sah nur kurz von ihrem Smartphone auf. Unablässig wischte ihr Finger über das Display. „Die von dieser Fotobox auf dem Oktoberfest gestern? Sind welche von uns dabei?"

„Ich klicke mich gerade durch die Galerie. Ja, hier ist eins. Schade, ziemlich verwackelt, aber ... Wow!"

Sanne hob den Kopf. „Was ist?"

„Das musst du dir ansehen. Da ist ein Hammerfoto von dir dabei."

Sanne stand auf und ging hinüber zum Esstisch, wo ihr Freund an seinem Laptop saß. Neugierig schaute sie auf den Bildschirm und riss die Augen auf.

Das Foto zeigte sie in dem karierten Dirndl, das sie sich eigens für ein vielversprechendes Shooting gekauft hatte, das jedoch in letzter Sekunde abgesagt worden war. Das dunkle Blau harmonierte gut mit ihren hellen Haaren und dem Grün der Alpenlandschaft, die als Fototapete die Rückwand der Box geschmückt hatte. Sanne musste nicht genauer hinschauen, um zu erkennen, dass es ein gutes Foto war.

„Ich wusste gar nicht, dass du noch mal allein zur Fotobox gegangen bist." Torben klang fast ein wenig sauer.

„Du weißt doch, ich und Fotos", sagte sie zwinkernd und gab ihm einen Kuss auf die Wange. „Sind die von uns auch dabei?", setzte sie nach, um ihn abzulenken.

Torben scrollte durch die Galerie, nach wenigen Augenblicken wurden sie fündig. Gleich drei Fotos von ihnen hatten es in die Auswahl geschafft. Es waren gute Aufnahmen, keine Frage. Aber keine von ihnen war so gut wie die von Sanne.

Nachdem Torben später ins Bett gegangen war, griff Sanne noch einmal nach ihrem Smartphone. Mit geübten Bewegungen wischte sie über das Display und öffnete die Website mit der Fotogalerie. Das Foto war schnell heruntergeladen. Sie lud es in eine App, um es zu bearbeiten und zog es mit spitzen Fingern größer, um es mit kritischem Blick zu betrachten.

Es war perfekt.

Der Rock ihres Kleids war kurz genug, um ihre Beine länger wirken zu lassen. Die Kette mit dem Edelweiß-Anhänger saß genau in der Mitte über ihren hochgeschnürten Brüsten, ihr Blick war sexy, aber zugleich auch unschuldig. Das perfekte Mädchen von nebenan.

„Volltreffer", murmelte sie leise. Selbst Schärfe und Belichtung stimmten. Nie hätte sie gedacht, dass dieser schäbige Kasten mit dem Selbstauslöser so gute Aufnahmen zustande bringen konnte. Es brauchte nur wenige Klicks, um einen Bildausschnitt zu wählen und zu optimieren. Sie hatte das Foto kaum gepostet, als schon die ersten Likes kamen.

„Kommst du endlich ins Bett?"

Erschrocken sah Sanne auf, Torben stand in der Tür. Nach einem Blick auf die Zeitanzeige folgte sie ihm gähnend ins Schlafzimmer, wo er sich an sie kuschelte und umgehend wieder einschlief. Ihr letzter Gedanke galt dem

Foto. Wenn sie Glück hatte, würde der Post viral gehen. Es war auch dringend an der Zeit.

Als am nächsten Morgen der Wecker klingelte, griff Sanne wie jeden Tag als Erstes nach ihrem Smartphone. Während Torben ihr verschlafen einen Kuss auf die Wange drückte und ins Badezimmer schlurfte, um sich für die Arbeit fertig zu machen, öffnete sie die App. Sofort war sie hellwach und sprang aus dem Bett.

Das Foto hatte in den letzten fünf Stunden mehr Likes und Kommentare erhalten als jeder ihrer Post zuvor.

Und nicht nur das – ihre Followerzahl war in die Höhe geschnellt, und das Postfach explodierte förmlich. Ausgelassen sprang sie aus dem Bett und tanzte durch die Wohnung, bis Torben zurückkam und sie skeptisch musterte. Wortlos hielt sie ihm das Display entgegen. Er runzelte die Stirn, lächelte dann aber und gab ihr einen flüchtigen Kuss auf die Wange.

Erst als er weg war, setzte sich Sanne mit einem Kaffee an den Küchentisch, um in Ruhe alle Kommentare zu beantworten und die Nachrichten in ihrem Posteingang zu sortieren. Eigentlich hätte sie gleich zur Uni gemusst, doch sie hatte schon länger keine Vorlesungen mehr besucht. Stattdessen konzentrierte sie sich ganz auf ihre Karriere als Influencerin. Oder das, was einmal eine solche werden sollte.

Ihre Hochstimmung hielt jedoch nicht lange an. Je weiter der Tag voranschritt, desto unruhiger wurde sie. Sie hatte ihr Handy und die Festplatte ihres PCs durchstöbert, doch keines der unzähligen Fotos hatte sie überzeugen können. Wenn sie den aktuellen Hype ausnutzen wollte, musste sie jetzt mit einem besonderen Post nachziehen. Aber was? Nachdenklich kaute sie auf ihrer Unterlippe herum.

Wo sollte sie auf die Schnelle neues Bildmaterial herbekommen?

Auch an diesem Abend war der Club brechend voll. Sanne wich einer Bedienung aus, die gerade mehrere Teller mit vor Fett triefenden Brathähnchen balancierte. Ein Fleck auf der weißen Bluse war das Letzte, was Sanne jetzt gebrauchen konnte.
Sie durchquerte den Raum, in dem es nach Bier und Schweiß roch, und reihte sich geduldig in die Schlange vor der Fotobox ein. Sie hatte auf die Schnelle kein anderes Dirndl auftreiben können, aber ihre Haare zu zwei Zöpfen geflochten und eine andere Kette angelegt. Die mit dem Edelweiß hatte sie nicht gefunden.

Während sie wartete, zog sie ihren Lippenstift nach und überprüfte in dem kleinen Handspiegel, ob alles perfekt saß. Endlich war sie an der Reihe. Als sie sich vor dem Hintergrund postierte, überkam sie ein leichtes Kribbeln. Ihre Nervosität war mit einem Mal wie weggefegt – das würden die besten Fotos ihres Lebens werden, sie war sich sicher. Gekonnt wechselte sie die Posen, schaute mal scheu, mal forsch in die Linse und kokettierte mit der Kamera, fast so, als sei tatsächlich ein Fotograf da, der ihr Anweisungen gab.

„Hey, andere wollen auch mal!"

Der rüde Tonfall riss Sanne aus der Konzentration. Verwirrt sah sie auf. Vor ihr hatte sich ein junger Mann in Lederhosen aufgebaut.

„Ziemlich unverschämt, hier alles zu blockieren. Hast du mal die Schlange gesehen?“ Er deutete hinter sich.

Sanne sah über seine Schulter und erschrak. Mittlerweile warteten gut zehn Leute darauf, sich ebenfalls ablichten zu lassen. Eilig griff sie nach ihrer Handtasche und huschte an den Wartenden vorbei.

„Mach dich vom Acker, du Möchtegern-Modell!“, rief der Lederhosen-Typ ihr hinterher, bevor er seine Freundin in die Fotobox zog.

Möchtegern-Modell ... Die Worte hallten durch Sannes Kopf, als sie später mit dem Smartphone auf dem Sofa saß. Torben war schon längst zu Bett gegangen. Sie sah sich nicht als Modell, eigentlich nicht einmal als Influencerin. Sie mochte den Begriff nicht, der mittlerweile inflationär genutzt wurde und dem immer ein abfälliger Klang beiwohnte. Sie sah sich selbst mehr als Beraterin. Als jemanden, der den Menschen eine Orientierung bieten konnte. Es ging nicht nur um schöne Fotos. Sie teilte mit ihren Followern ihre tiefsten Gedanken. Lebensweisheiten. Einblicke in ihre Seele. Und es steckte so viel mehr Arbeit hinter all dem, als die Leute sahen. Die Fotos waren nur die Spitze des Eisbergs.

Noch einmal aktualisierte Sanne die Seite des Oktoberfests, doch es waren noch keine Fotos online. Frustriert schrieb sie noch eine E-Mail an einen potentiellen Sponsor, dann ging auch sie zu Bett.

Ihr Hals war so trocken, dass sie kaum schlucken konnte. Mühsam öffnete Sanne die Augen und versuchte, sich zu orientieren. Traumfetzen hingen in ihren Gedanken wie

Spinnweben und zerfielen zu Staub, als sie versuchte, danach zu greifen.

Das Smartphone blinkte in der Dunkelheit. Sie griff danach und schwang sich vorsichtig aus dem Bett, um Torben nicht zu wecken. Die kühlen Fliesen in der Küche waren eine Wohltat unter ihren nackten Füßen. Sanne öffnete den Wasserhahn, hielt ein Glas darunter und trank gierig. Ihr Mund fühlte sich noch immer an wie die Wüste an einem heißen Sommertag. Während sie ein zweites Glas Wasser hinunterstürzte, wischte ihr Daumen über das Display ihres Handys. Beinahe hätte sie sich verschluckt. Hustend stellte sie das Glas ab und starrte auf den Bildschirm, auf dem unzählige Benachrichtigungen aufpoppten. Was zum …, dachte sie, dann sah sie es. Der Club hatte nicht nur die Bilder der letzten Party hochgeladen, sondern auch ihren Account getaggt. In Sannes Bauch begann es zu kribbeln. Allein das war schon ein Ritterschlag. Fieberhaft klickte sie sich durch die Seiten, bis sie das Foto fand.

Wenn das erste perfekt gewesen war, war dieses überirdisch. Jemand musste vor dem Upload einen Filter darübergelegt haben. Das Beste jedoch war der Ausdruck auf ihrem Gesicht. Sie sah süß aus, ohne Frage, doch in ihrem Blick lag etwas Geheimnisvolles. Lockendes. Sie konnte sich kaum satt sehen, und auch die Community überschlug sich mit Kommentaren. Sie beantwortete jeden einzelnen von ihnen und teilte den Post in ihren Stories. Dann trank sie noch ein Glas Wasser und ging zurück ins Bett.

Hektisch fuhr Sanne mit den Fingern durch den Inhalt ihrer Schmuckschatulle.

„Hast du meinen Ring gesehen?“, rief sie in den Flur.

Torben steckte den Kopf zur Tür ins Schlafzimmer herein. „Welchen Ring denn?“

Sanne verdrehte die Augen. „Den mit dem Hirsch. Ich kann ihn nirgends finden.“

„Wann hattest du ihn denn das letzte Mal an?“

„Im Club. Herrje, Torben, siehst du dir eigentlich je meine Fotos richtig an? Man sieht den Ring auf jeder einzelnen Aufnahme.“

Wenn Torben verärgert war, ließ er es sich nicht anmerken. „Er wird schon irgendwo sein. Zieh einfach einen anderen an.“ Er deutete auf die stattliche Sammlung an Ringen in der Schatulle.

Sanne knallte das Kästchen so fest auf die Kommode, dass die Schmuckstücke darin klapperten. „Ich brauche aber genau den!“, herrschte sie ihn an, hielt aber erschrocken inne und ließ sich aufs Bett sinken. „Tut mir leid“, murmelte sie.

Torben setzte sich neben sie und nahm sie in den Arm. „Schon okay“, antwortete er, schaute ihr aber prüfend ins Gesicht. „Ist ein bisschen viel in letzter Zeit. Du musst dringend eine Pause machen, du bist schon ganz blass. Und deinen Ring finden wir wieder, ich helfe dir suchen“, munterte er sie auf.

Sie lächelte zaghaft und unterdrückte ein Gähnen. Am liebsten hätte sie sich einfach nach hinten fallen gelassen und sich in die Decken eingewickelt wie in einen warmen Kokon. Die letzten Tage waren in der Tat anstrengend gewesen. Bis in die Nacht hatte sie alte Aufnahmen bearbeitet, Videos gedreht und unzählige Nachrichten beantwortet, darunter mehrere Kooperationsanfragen und sogar eine Einladung zu einem Shooting. Und sie schlief nicht gut.

„Wie wäre es, wenn du dich jetzt gleich hinlegst?“, schlug Torben vor. „Deine Follower werden dir nicht gleich davonlaufen.“

Sie war zu müde, um auf den kleinen Seitenhieb zu reagieren, und wollte gerade nicken, als ihr Handy klingelte. Torben hob eine Augenbraue, und so lächelte sie entschuldigend.

„Ist wichtig“, wisperte sie leise und nahm das Gespräch an.

Sanne zupfte am Ausschnitt ihres Tops, dann straffte sie die Schultern und betrat den Club. Das Shooting war nicht gut gelaufen, und der Auftraggeber, eine mittelgroße Kosmetikfirma, hatte ihr am Telefon deutlich zu verstehen gegeben, dass er keine weitere Zusammenarbeit wünschte. Sie musste das unbedingt geradebiegen! Wer wusste schon, wie die Sponsoren hinter den Kulissen miteinander vernetzt waren! Wenn ihr Versagen erst einmal die Runde machte, war ihre Karriere vorbei, bevor sie richtig begonnen hatte. Sie hatte die Fotos gesehen, sie waren solide, aber nicht mehr. Das gewisse Etwas fehlte ihnen, das musste sie zugeben. Lange hatte sie nachgedacht, woran es liegen könnte. Sie hatte sich wohlgefühlt beim Shooting, der Fotograf – ein echter Profi – schien auch zufrieden mit ihr gewesen zu sein. Outfit, Posen, Licht, alles hatte gestimmt. Also was war anders gewesen?

In der vergangenen Nacht, als sie wieder wach gelegen hatte, war es ihr eingefallen. Es musste an der Kamera liegen, die in der Fotobox eingebaut war! Kurzerhand hatte sie auf der Website des Clubs nach den aktuellen Events geschaut. Das Oktoberfest war vorbei, doch heute Abend war eine After-Work-Party angesagt. Daher hatte sie sich in ein bürotaugliches Outfit geworfen und war hergefahren, ohne auf Torbens Einwände zu achten.

Für einen Wochentag waren erstaunlich viele Gäste unterwegs, die sich trotz der noch recht frühen Stunde eifrig zuprosteten. Beats wummerten aus den Boxen, und eine drückende Hitze lag über dem Raum. Es sah anders aus als an den Abenden zuvor.

Sanne schaute sich um, konnte die Fotobox jedoch nicht entdecken. Sie ging zur Bar und bestellte sich ein großes Bitter Lemon mit extra Eis. Dankbar genoss sie die Kühle, mit der das Getränk ihre Kehle hinablief. Sie winkte den Barkeeper zu sich.

„Darf ich dich was fragen?"

Er nickte und beugte sich über den Tresen, um sie besser zu verstehen. Als sie ihn nach der Fotobox fragte, zog er die Stirn kraus, deutete dann jedoch in einen Nebenraum. Sanne lächelte ihn an, nahm ihr Glas und stand auf.

Im Nebenraum war es weniger laut, aber genauso voll und stickig. Sanne unterdrückte die aufsteigende Panik und sah sich um. Da! In der hinteren Ecke stand, völlig unbeachtet, die Fotobox.

Sanne drängte sich an den Menschen vorbei, die überall in Grüppchen zusammenstanden. Gierig sog sie mit ihrem Strohhalm den letzten Rest aus ihrem Glas und stellte es im Vorbeigehen auf einem der Tische ab.

Die Fotobox stand vor der nackten Wand, der Hintergrund mit der Alpenlandschaft war verschwunden. Sanne warf noch einen Blick über ihre Schulter, dann trat sie näher, um nach der Kamera zu suchen, konnte jedoch nichts entdecken.

„Was machst du denn da?", ertönte plötzlich eine dunkle Stimme.

Sanne fuhr erschrocken herum, vor ihr stand ein Mann mittleren Alters mit dunklen Locken und einem bordeauxfarbenen Kapuzenpulli.

„Ich wollte nur schauen, wie das Ding hier funktioniert", stammelte sie. „Sorry, ich wollte nichts kaputt machen, ehrlich nicht. Ich habe auf dem Oktoberfest ein paar coole Fotos gemacht und ..."

„Ach, du bist diese Influencerin", unterbrach der Mann sie. „Ich kann mich an die Fotos erinnern, haben ja einige Wellen geschlagen."

Sanne spürte, wie sich Stolz in ihrer Brust ausbreitete, doch ihr Gegenüber schaute sie noch immer kritisch an.

„Das erklärt aber nicht, warum du dich hier an meiner Einrichtung zu schaffen machst. Also raus mit dir."

Sanne hob flehend die Hände. „Bitte, ich will nur schauen, welche Kamera darin verbaut ist." *Oder welcher Trick auch immer diese Wahnsinnsfotos zaubert*, fügte sie in Gedanken hinzu.

Eine Idee blitzte in ihrem Kopf auf. „Können Sie mir sagen, wo Sie die Box gekauft haben? Oder", sie atmete heftig, „haben Sie sie vielleicht gebaut?"

Der Clubbesitzer lachte auf. „Gebaut? Ich? Sorry, Kleine, in der Hinsicht bin ich total unbegabt. Das Ding stand schon im Keller, als wir den Laden hier übernommen haben. Völlig verstaubt und voller Spinnweben. Hab es eigentlich nur zum Spaß angeschlossen, hätte nie gedacht, dass es überhaupt noch funktioniert."

Sanne fühlte, wie ihr Tränen in die Augen stiegen. Was war nur los mit ihr? Sie war doch sonst nicht so eine Heulsuse. Mühsam blinzelte sie sie weg.

Der Mann vor ihr schien sie dennoch bemerkt zu haben. „Normaler interessiert sich kaum noch jemand für das Ding", brummte er. „Haben ja alle ihre Smartphones. Aber es ist eingesteckt, wenn du willst, kannst du ein paar Aufnahmen machen."

Sanne wäre ihm am liebsten um den Hals gefallen, doch er winkte ab.

„Vergiss nicht, den Club zu taggen, wenn du die Bilder hochlädst", sagte er und drehte sich um. „Dann haben wir auch was davon."

Das kalte Wasser floss in einem dicken Strahl aus dem Hahn. Sanne machte sich nicht die Mühe, ein Glas darunter zu halten, sondern beugte sich hinunter und trank gierig.

„Na, da ist aber jemand durstig", zog Torben sie auf, doch sein Lachen fror ein, als sie sich zu ihm umdrehte. „Du siehst furchtbar aus", stellte er trocken fest. „Du mutest dir zu viel zu." Ohne auf ihren Protest zu achten, zog er sie zum Küchentisch und drückte sie auf einen Stuhl. Dann setzte er sich und nahm ihre Hände. Sie waren eiskalt. „Hör mal", begann er. „Ich gebe zu, ich habe dich und dein Business immer ein wenig belächelt."

Sie wollte auffahren, doch er strich mit dem Daumen über ihre Hand.

„Lass mich ausreden. Du hast mich in den letzten Tagen vom Gegenteil überzeugt und bewiesen, dass du es nicht nur ernst meinst, sondern dass wirklich Potential in dieser

Influencersache liegt. Ich mein, sieh dir nur an, was du alles erreicht hast!“ Er deutete auf den Küchentisch, auf dem verstreut mehrere großformatige Hochglanzbilder lagen. Daneben stand ein großer Blumenstrauß. Die Kosmetikfirma hatte ihn geschickt, um sich für ihr Verhalten zu entschuldigen und Sanne für eine weitere Kooperation zu gewinnen. Fast jeden Abend war sie im Club gewesen, um weitere Aufnahmen zu machen. Ganze Nächte hatte sie dort verbracht, um verschiedene Lichteffekte und Stimmungen einzufangen. Oft zog sie sich in der Toilette des Clubs um, verwandelte sich von der toughen Karrierefrau zum Schulmädchen, vom Partygirl zur mondänen Diva. Das Personal kannte sie schon und achtete nicht weiter auf sie, und nur selten sprach einer der Gäste sie an. Die Tage verbrachte sie damit, ihre Outfits zusammenzustellen, Fotos und Videos zu bearbeiten und die zahlreichen Kooperationsanfragen zu beantworten. Sie konnte sich nicht erinnern, wann sie das letzte Mal ausgeschlafen hatte.

„Hörst du mir noch zu?“, riss Torben sie aus ihren Gedanken. Sie rutschte auf der harten Sitzfläche umher und sah ihn mit großen Augen an. Er seufzte. „Das meine ich. Du kannst dich ja kaum noch auf dem Stuhl halten. Sanne, du musst eine Pause machen, unbedingt. Der ganze Ruhm und das Geld sind es nicht wert, dass du dich kaputt machst.“ Er sah sie so flehentlich an, dass sie ihm um den Hals fiel.

„Ich verspreche es“, flüsterte sie ihm ins Ohr. „Das Halloween-Event heute Abend wird das letzte sein.“

Der Club war an diesem Abend voll, und auch an der Fotobox hatten sich die Vampire, Hexen und Serienmörder gedrängt. Erschöpft hatte Sanne in der Schlange angestanden, bis sie endlich an der Reihe war. Als sie vor die Kulisse der Box trat, spürte sie, wie die Lebensenergie in ihr wieder erwachte. Die Geräusche des Clubs verstummten, das Treiben auf der Tanzfläche trat in den Hintergrund, es gab nur noch sie und die Kamera. Sie war das perfekte Modell, nein, sie war eine Leinwand, die sich selbst zum Kunstwerk erhob. Ihre Posen waren sicher und fließend, und sie meinte, das Raunen der anderen Gäste zu hören. Das schwarze Kleid, das sie hatte tragen wollen, war nicht auffindbar gewesen. Am Nachmittag noch hatte sie sich darüber geärgert, sie hatte auf einer der letzten Aufnahmen so gut darin ausgesehen, doch nun war es ihr egal. Sie konnte tragen, was auch immer sie wollte. Die Fotobox würde ihr ewigen Ruhm bescheren.

Eine Hand legte sich auf ihren Arm und riss sie aus dem Flow. Es war der Besitzer des Clubs, Robin, wie sie mittlerweile wusste. Sanne schaute ihn verwirrt an, doch Robin zog sie einfach zur Seite. Augenblicklich drängte sich eine kleine Gruppe Geister vor die Fotobox.

„Du kannst hier nicht alles blockieren", schimpfte Robin. „Ich hatte ja nichts dagegen, dass du hier jeden Abend Fotos machst, aber bei einem Event wie heute gehört dir die Box nicht allein." Er schien ernsthaft sauer.

Schnell legte Sanne ihm die Hand auf den Oberarm. „Wird nicht wieder vorkommen", versprach sie eilig und setzte ihr schönstes Kleinmädchenlächeln auf.

„Wird es auch nicht", brummte Robin unbeeindruckt. „Morgen früh kommt das Ding in den Keller. Wir müssen den Boden renovieren, und dann haben wir keinen Platz mehr dafür."

Sanne erstarrte.

„Aber …“, hob sie an, doch in diesem Moment rief einer der Kellner, und der Clubbesitzer ließ sie stehen. Einen Augenblick lang konnte Sanne sich nicht rühren, dann machte sie auf dem Absatz ihrer Schnallenstiefel kehrt und floh zur Toilette.

Dort drehte sie den Hahn bis zum Anschlag auf und ließ sich das kalte Wasser über die Unterarme fließen. Ohne darauf zu achten, dass es ihr Make-up zerstören würde, spritzte sie sich mehrere Handvoll ins Gesicht. Eine Fremde starrte ihr aus dem Spiegel entgegen. Wer war sie eigentlich, wenn sie keine Rolle vor der Kamera spielte? Was war die Leinwand ohne Betrachter?

Ein plötzlicher Schmerz ließ sie zusammenzucken. Sie hob die linke Hand, ein dicker Blutstropfen quoll aus ihrem Ringfinger. Sie zog ein Papierhandtuch aus dem Spender, tupfte vorsichtig auf die Wunde und erschrak: Der Fingernagel fehlte. Er war nicht abgebrochen, nein, er war gänzlich verschwunden. Sanne legte die Stirn in Falten. Wie konnte das passiert sein? Und wo war der Fingernagel? Sie stellte das Wasser ab und durchsuchte erst das Waschbecken, dann die Ablage und schließlich sogar den Fußboden. Nichts. Vielleicht war er in den Abfluss gerutscht? Immerhin hatte die Blutung mittlerweile aufgehört, doch das rohe Fleisch schmerzte bei jeder noch so kleinen Berührung. Vorsichtig wickelte Sanne ein weiteres Papiertaschentuch darum. Sie musste dringend nach Hause.

„Sanne? Sanne?“ Wie aus weiter Ferne drang eine Stimme zu ihr. Torbens Stimme.

Mühsam öffnete sie die Augen.

„Gott sei Dank, ich dachte, ich bekomme dich nie mehr wach. Was ist denn los mit dir?“

Sanne drehte den Kopf. Sie lag in ihrem Schlafzimmer.

„Wie bin ich hierhergekommen?“, krächzte sie. Ihre Kehle war so trocken, dass sie kaum einen Ton herausbrachte.

Schnell reichte Torben ihr ein Glas Wasser und stützte ihren Kopf, damit sie trinken konnte. Erschöpft ließ sie sich zurück ins Kissen fallen.

„Du bist mit dem Taxi gekommen, der Fahrer musste dich sogar zur Haustür bringen, so schwach warst du. Zum Glück war ich zu Hause und noch wach.“ Er musterte sie aufmerksam. „Was war denn los im Club? Und was ist mit deinem Finger passiert?“

Mühsam hob Sanne die Hand, ein dicker Verband war um ihren Ringfinger gewickelt. Sie murmelte etwas. Torben musste sich niederbeugen, um sie zu verstehen.

„Die Fotos“, wiederholte sie. „Habe ich die Fotos noch hochgeladen?“

„Herrje, Sanne! Ist das alles, woran du noch denken kannst?“ Er seufzte und griff nach seinem Handy, wischte einige Male über das Display und hielt es ihr hin.

Ein Lächeln erschien auf ihren aufgerissenen Lippen, als sie den Post und die vielen Likes und Kommentare sah. Es wirkte seltsam deplatziert auf ihrem eingefallenen Gesicht. Voller Mitleid wollte Torben ihr eine Strähne aus der Stirn streichen. Sie löste sich von Sannes Kopfhaut und lag leicht wie eine Feder in seiner Hand. Ein erschrockener Laut entfuhr ihm, entsetzt hielt er Sanne das schmale Büschel vors Gesicht. „Schau dir das an! Das ist doch nicht normal!“ Besorgt zog er sie in die Arme. „Ich mache mir wirklich Sorgen um dich. Heute gehst du nirgends hin, okay?“

Es fiel Sanne nicht schwer, ihm dieses Versprechen zu geben. Aktuell konnte sie sich nicht einmal vorstellen, aufzustehen.

Sie erwachte mit einem brennenden Verlangen. Im Schlafzimmer war es stockdunkel, nur ein schwacher Schein drang von der Straßenlaterne durch die Schlitze des Rollladens. Mühsam tastete sie nach dem Wasserglas, das Torben auf dem Nachttisch abgestellt hatte. Er hatte auf dem Sofa im Wohnzimmer schlafen wollen, um sie nicht zu stören.

„Erhol dich gut“, hatte er gesagt, wobei er den besorgten Ausdruck in seinen Augen nicht hatte verstecken können. „Ich bin sofort da, wenn etwas ist.“

Das Glas war leer, nur ein einzelner Tropfen rann noch in ihren Mund, zu wenig, um den Durst zu stillen. Als sie es zurückstellte, berührten ihre Finger wie zufällig ihr Smartphone. Sie konnte dem Drang nicht widerstehen, griff nach dem Gerät und entsperrte das Display, dessen Schein flackernde Lichter über ihr ausgezehrtes Gesicht warf, als sie durch ihre eigene Bildergalerie scrollte. Sie hätte nicht sagen können, welches Foto ihr Favorit war. Sie waren alle perfekt. Und doch ...

Umständlich setzte sie sich auf und beugte das Gesicht näher über das Display. Warum war ihr das noch nicht aufgefallen? Die Bilder schienen sich zu einem Muster zusammenzufügen, doch sie konnte es noch nicht ganz fassen, immer wieder entzog es sich ihr. Dann verstand sie.

Ein Foto fehlte noch. Ein letztes.

Sanne hielt den Atem an, doch die Klinke ließ sich mühelos nach unten drücken. Sie hatte wirklich Glück. Im Hinterhof des Clubs hatte sie ein niedriges Fenster entdeckt, das sich mühelos mit einem Stein hatte einschlagen lassen. Kurz war sie selbst entsetzt darüber gewesen, dass sie in ein Gebäude einbrach, doch der Gedanke war schnell aus ihrem Kopf verschwunden. Sie hatte nur ein Ziel.

Es knarrte leise, als die Tür nach innen schwang.

Der schmale Lichtkegel der Taschenlampe glitt über die Dinge, die oben keinen Platz mehr hatten und im Dunkeln des Kellers auf ihren Einsatz warteten. Sanne erkannte eine alte Leuchtreklame, deren gesplitterte Front wie ein aufgerissenes Maul aus dem Dunkel schnappte, einige abgewetzte Bürostühle und Kisten mit Dekomaterial.

Da!

Ihr Herz klopfte wild, als sie die Fotobox an der gegenüberliegenden Wand entdeckte. Große Spinnweben hingen in den Ecken, obwohl die Box doch erst seit diesem Tag hier unten war. Oder hatte sie länger geschlafen, als sie gedacht hatte? Die Taschenlampe glitt ihr aus den Händen und knallte laut auf den Steinboden, ging aber nicht aus. Sanne achtete nicht darauf. Vorsichtig, fast zärtlich legte sie die Hand auf die hölzerne Stellage, die mit einer dicken Schicht Staub überzogen war. Augenblicklich kribbelte es auf ihrer Haut, als würden Millionen winziger Beine über ihren Arm huschen.

Sie schwankte, und fast wäre sie gestürzt. Um nicht zu fallen, tastete sie sich an der Wand entlang und zog mühsam einen der Stühle zur Fotobox. Das Metall schabte laut über den Boden, doch sie war sicher, dass niemand sie hier unten hören würde. Es war ihr auch gleichgültig. Sie angelte nach dem Kabel mit dem Auslöser, dann ließ sie sich ächzend auf den Sitz fallen. Als sie sich seitlich in Pose setzte, fiel jede Schwäche von ihr ab. Es gab nur noch sie und die Kamera, die sie aufmerksam beobachtete, wie ein Tier, das auf seine Beute lauerte. Sanne schlug die Beine übereinander und strich ihr dünnes Haar zurück. Nachdem sie zu Hause vergeblich ihren Lippenstift gesucht hatte, hatte sie komplett auf Make-up verzichtet. Es war nicht wichtig. Die Fotobox würde ihre Magie auch so entfalten, das wusste sie einfach.

Kurz fiel ihr Blick auf das Kabel, das sich von der Box aus durch den Staub schlängelte. Das andere Ende mit dem Stecker lag lose auf dem Boden vor der Wand.

Dann drückte sie den Auslöser.

***

Torben ließ sich erschöpft auf das Sofa fallen. Den ganzen Tag hatte er nach Sanne gesucht. Er war bei ihren Freundinnen gewesen, an der Uni, sogar in dem Club mit dieser unsäglichen Fotobox, der sie regelrecht verfallen war. Doch Sanne war nirgends zu finden gewesen. Mittlerweile hatte er auch ihre Eltern informiert und die Polizei eingeschaltet. Müde fuhr er sich mit der Hand über die Augen. Wo konnte sie nur sein? Als er am Morgen aufgewacht war, war sie bereits verschwunden gewesen. Dabei war sie doch vor wenigen Stunden noch viel zu erschöpft gewesen, um aufzustehen! Und dann diese seltsame Geschichte mit dem Fingernagel ... Er hätte sie nicht allein lassen sollen.

Müde zog er sein Handy aus der Tasche, doch Sanne hatte noch immer keine seiner Nachrichten gelesen. Panik machte sich in ihm breit. Seine Freundin war immer online, es sei denn, sie hatte irgendwo keinen Empfang. Doch wo konnte sie stecken? Hatte jemand sie verschleppt? Oder nahm sie Drogen?

Er öffnete die App, suchte nach Sannes Account und zog die Stirn kraus, als er den Feed betrachtete. Hatte sie die Bilder neu angeordnet? Sie schienen ein Muster zu ergeben. Er hielt das Handy etwas weiter von sich weg und kniff die Augen zusammen. Tatsächlich! Die Elemente auf den einzelnen Bildern setzten sich unverkennbar zu einem Spinnennetz zusammen. War das ein Zufall, oder hatte Sanne diesen Effekt geplant? Aufmerksam betrachtete er die Fotos, Sanne hatte sie ihm alle gezeigt. Nur eines schien neu zu sein. Vielleicht enthielt es einen Hinweis auf ihren Aufenthaltsort! Schnell klickte er es an, Sanne musste es mitten in der Nacht gepostet haben, doch die Zahl der Likes und Kommentare war bereits durch die Decke gegangen. Auch Torben spürte die Faszination, die von der Aufnahme ausging, er konnte kaum den Blick lösen, und schon hatte sein Daumen auf das kleine Herz darunter geklickt.

Sanne saß seitlich auf einem Stuhl, den Blick fest in die Kamera gerichtet. Ihre Hände mit den perfekt manikürten Fingernägeln lagen ruhig auf ihren Oberschenkeln. An ihrem Finger funkelte ein Ring mit einem Hirsch. Sie trug ihr schwarzes Lieblingskleid, ihr volles Haar fiel in lockigen Wellen über ihre Schultern. Torben zwang sich, den Blick von ihr abzuwenden und den Hintergrund der Aufnahme zu durchsuchen, doch er fand keinen Hinweis darauf, wo das Foto aufgenommen worden sein könnte.

Mit zwei Fingern zog er die Aufnahme größer. Sannes Blick fesselte ihn, sie schien ihn direkt anzusehen. Sie war noch nie so schön gewesen. Der silberne Anhänger mit dem Edelweiß zog seine Aufmerksamkeit nach unten zu ihrem Dekolleté, und ihre Lippen strahlten in einem so leuchtenden Rot, dass er sie augenblicklich küssen wollte.

Sein Mund wurde trocken.

Es war das perfekte Foto.

Bis auf das Grauen in Sannes Augen.

Der Tod ist nicht das Ende ...

... zumindest mit dem *Totenschein* ist noch lange nicht Schluss! Weitere Ausgaben des Zeitungsformats sind geplant, wie immer in limitierter Auflage. Sammler haben die Möglichkeit, sich über den „Dauerschein“ den jeweils aktuellen *Totenschein* auf Rechnung zuschicken zu lassen. Mehr Infos dazu gibt es auf Carstens Website.

Wer so lange nicht warten möchte, findet Ablenkung in weiteren Veröffentlichungen der Autoren. Diese können überall im Buchhandel – lokal und online – erworben werden, gern über den Autorenwelt-Shop.

Der *Totenschein* ist nicht nur eine Geschichtensammlung, sondern ein komplexes Literaturprojekt, zu dem auch besonders stimmungsvolle Lesungen (teilweise mit Gastautoren) gehören.

Wer noch mehr Schauerliches lesen und erfahren möchte, folgt den Autoren auf Social Media oder abonniert die kostenlose elektronische Depesche.

Facebook: AutorinTanjaKarmann / ItWasASharpAndThornyNight

Instagram: @tanjakarmann / @carstenschmitt_autor

Web: www.tanja-karmann.de / www.carstenschmitt.com

Abo per E-Mail an carsten@carstenschmitt.com

Danksagung

Kein Buch ohne Danksagung – so auch dieses. Viele fleißige Hände haben uns geholfen, dieses Grab zu schaufeln. Aber wo fängt man an? Wo ist der Anfang vom Ende?

Vielleicht war es die Lesung im Zirkuszelt 2019, bei der wir feststellten, dass wir neben der Anthologie *Der unmögliche Mord* ein weiteres gemeinsames Projekt brauchen. Ein erster Dank geht demnach an die *Freunde der Grundschule Kirkel-Neuhäusel e.V.*, die uns zu dieser Veranstaltung eingeladen hatten.

Wie im Editorial erwähnt, wurde die *Baker Street - Eventgastronomie im Hirsch* in Saarbrücken zu unserer Heimatbasis. Wir danken Julian, Antonia und dem ganzen Team, dass sie dem *Totenschein* während der Pandemie zu Sichtbarkeit verholfen haben und unsere Lesung dort mittlerweile zur Oktober-Tradition geworden ist.

Uwe Voehl danken wir nicht nur für das Vorwort, sondern auch für die Einladung zu *Gruseln im Grünen* – Wertschätzung von einem so renommierten Kollegen des Genres zu erhalten, hat unserem Schreiben einen weiteren Auftrieb gegeben.

Ein wichtiger Sargnagel war auch das Korrektorat von *Kathleen Weise*, die uns nicht nur zahlreiche Kommata, sondern auch wertvolle Denkanstöße und Tipps geliefert hat.

Genau wie eine Beerdigung ohne Trauergäste wäre auch unsere Arbeit sehr deprimierend ohne euch, unsere

Leserinnen und Zuhörer. Danke an alle, die unsere Lesungen besuchen oder den Dauerschein beziehen. Ohne euch würde das ganze Projekt nur halb so viel Sinn ergeben.

Letztlich danken wir aber einander, denn über die Jahre ist nicht nur aus der kleinen Gruselzeitung ein großes Projekt geworden, sondern auch aus einer lockeren Bekanntschaft eine gute Freundschaft.

DAEDALOS 13 Der Story-Reader für Phantastik
p.machinery, Winnert, Mai 2022, 76 Seiten, Paperback
ISBN 978 3 95765 281 2 –
EUR **13,90 (DE)**

- Marco Frenschkowski: Der Verrat
- Monika Niehaus: Unterwassermusik
- Ellen Norten: Rita
- Oliver Henzler: Bofinger geht ins Licht
- Alexander Klymchuk: Teufelswerk
- Kai Focke: Wie man einen Bestseller abstaubt
- Thomas Le Blanc: Frühstück mit Lernet
- Peter Stohl: Die geheimen Worte
- Maike Braun: Das Meer der Verdammten
- Silke Urbanski: Ophelia springt in den Baum
- F. O. Tenneberg: Der Advokat

DAEDALOS 14 Der Story-Reader für Phantastik
p.machinery, Winnert, Mai 2023, 86 Seiten, Paperback
ISBN 978 3 95765 337 6 –
EUR **14,90 (DE)**

- Dirk Ryll: Ein Opfer
- Kai Focke: Das Traumbild
- Michael Wyrwich: Reifezeit
- Alexander Klymchuk: Fleischwerdung
- Uwe Durst: Die Vorstellung
- J. A. Hagen: Stoker
- Horst-Dieter Radke: Oneiros
- Carl Stugau: Zahn um Zahn
- Robert N. Bloch: Nachbemerkung zu Carl Stugau

---

p.machinery Michael Haitel
Norderweg 31
25887 Winnert
Fax 04845 3539956
michael@haitel.de
www.pmachinery.de
www.booklooker.de/pmachinery.

DAEDALOS 15 Der Story-Reader für Phantastik
p.machinery, Winnert, April 2024, 84 Seiten, Paperback
ISBN 978 3 95765 390 1 –
EUR **15,90 (DE)**

- Alexander Klymchuk: Materialschlacht
- Gabriele Behrend: Des einen Leid
- Ellen Norten: Tee in Batumi
- Peter Schünemann: Der Friedhofswächter
- Achim Koch: Oneironautik
- Simon Gottwald: Fenster
- stok: Handverlesen
- Horst-Dieter Radke: Der tolle Jan und die verlorene Seele
- Scipio Rodenbücher: Die Rose des S.
- Arno Hach: Der Vampyr – Ein Notturno
- Robert N. Block: Nachbemerkung zu Arno Hachs »Der Vampyr«

Mehr Gänsehaut von Tanja Karmann

Nina ist frustriert: Nur schwer kann sie in der eingeschworenen Gemeinschaft des Dorfes Fuß fassen, in das sie kürzlich mit Mann und Kind gezogen ist. Noch schwieriger wird es, als die Journalistin den Auftrag erhält, über den tragischen Tod des Nachbarjungen zu berichten. Ausgerechnet auf der Beisetzung kommt es zu einer unschönen Szene und Nina beschleicht der Verdacht, dass in dem kleinen idyllischen Dörfchen irgendetwas ganz und gar nicht stimmt.
Bei ihren Nachforschungen stößt sie auf unzählige Fälle von Kindstoden, die bis ins 18. Jahrhundert zurückreichen. Noch ahnt Nina nicht, dass sie dabei ist, eine jahrhundertealte Verschwörung aufzudecken – und dass eine unfassbare Bedrohung bereits die Finger nach ihrem eigenen Sohn ausstreckt …

Berlin 1924: Die Succuba sorgen mit ihrer Musengabe für den kulturellen Glanz der Epoche. Als Isme Maximilian trifft, der einer uralten Vampirfamilie entstammt, ist nicht klar, wer wessen Zauber erliegt.
Doch Maximilians Loyalität gehört der Oberin seines Clans, die geheime Pläne zur Machtergreifung schmiedet – und um sich dafür zu stärken, braucht sie Blut. Viel Blut. Flapperblut.